**D**etektiv
 **E**lektrikerin
 **F**risör
 **G**ärtnerin

 **L**ehrer
 **M**alerin
 **N**achrichtensprecher

 **R**ocksänger
 **S**ekretärin
 **T**axifahrer

 **X**ylophonspieler
 **Y**ogalehrerin
 **Z**ahnarzt

Hinweise auf Mobile-Zusatzmaterialien finden sich im hinteren Teil des Buches.

Mobile 4

Sprachbuch

westermann

Inhalt

Geheimnisse der Wüste — Seite 4 – 11

Ich – du – wir — Seite 12 – 19

Berufe — Seite 20 – 25

Spielen – hier und anderswo — Seite 26 – 31

Jahraus, jahrein — Seite 32 – 37

Bedrohte Tiere und Pflanzen — Seite 38 – 43

Viva la musica! — Seite 44 – 49

Schrift und Schreiben — Seite 50 – 55

Fliegen – hoch und höher — Seite 56 – 61

Eulenspiegeleien — Seite 62 – 67

In der Steinzeit — Seite 68 – 73

Zeit für Bücher — Seite 74 – 79

Das Lern-Mobile   Seite 80 – 123

Arbeitstechniken   Seite 82 – 93

Texte schreiben   Seite 94 – 101

Richtig schreiben   Seite 102 – 111

Sprache untersuchen   Seite 112 – 123

Unsere Wörterliste   Seite 124 – 136

Diese Zeichen findest du im Sprachbuch.

Hier beginnt eine neue Aufgabe.

Suche dir eine der beiden Aufgaben aus.

Das ist eine Schreibaufgabe.

Arbeite mit einem anderen Kind zusammen.

Seite 88   Dort findest du Hilfen und weitere Übungen.

Geheimnisse der Wüste

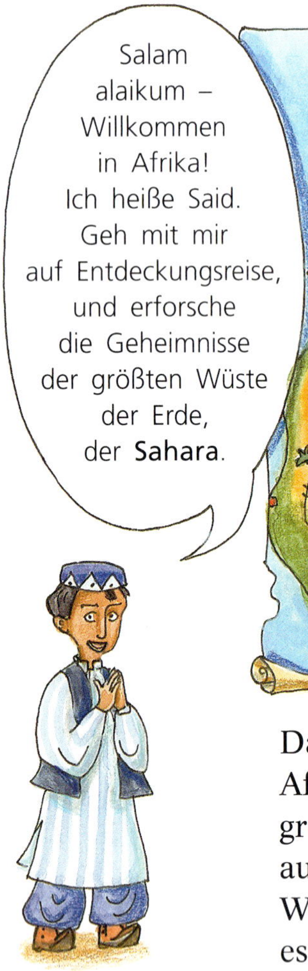

Salam alaikum – Willkommen in Afrika! Ich heiße Said. Geh mit mir auf Entdeckungsreise, und erforsche die Geheimnisse der größten Wüste der Erde, der **Sahara**.

Das ist die Wüste Sahara. Sie liegt im Norden von Afrika. Mit 9 Millionen km² ist die Sahara 24-mal so groß wie Deutschland. Der Name **Sahara** kommt aus dem Arabischen und bedeutet **Wüste**.

Wüsten sind lebensfeindlich. Es gibt kaum Regen, und es herrschen extreme Temperaturen. Tagsüber ist es glühend heiß und nachts sehr kalt. Daher wachsen in der Wüste auch nur sehr wenige Pflanzen, und nur die zähesten Tierarten überleben.

Auch Menschen leben in der Sahara. Ihr Leben ist ein ständiger Kampf um Nahrung und Wasser. Daher ziehen sie mit ihren Tieren von einem Ort zum anderen. Man nennt sie auch **Nomaden**.

desert

désert

صحراء

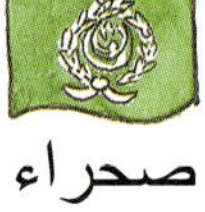

1. Lies den Text. Was erfährst du über die Sahara?

2. Bildet Forscherteams und sammelt weitere Informationen über die Sahara aus Büchern, Zeitschriften und dem Internet.

Seite 90
Informationen entnehmen und sammeln

Die Tiere der Wüste
In der Wüste leben nur wenige Tierarten. Diese sind aber gut an die extremen Bedingungen angepasst. Sie müssen sich vor der Hitze schützen und lange Zeit ohne Wasser auskommen.
Das wichtigste Haustier der Wüstenbewohner ist das Kamel. In der Wüste kommt das einhöckrige Kamel vor, das **Dromedar**.
Der **Fennek**, auch **Wüstenfuchs** genannt, ...

Die Menschen der Wüste
Die Tuareg sind eines der wenigen Völker, die im harten Wüstenklima der Sahara leben. Die Tuareg sind **Nomaden**.
Früher waren sie das mächtigste Volk der Wüste. Sie führten die **Karawanen** durch die Wüste und lebten von der Tierzucht. Heute ...

Hier kannst du noch weiterforschen: www.blinde-kuh.de, www.geolino.de.

Oasen
Eine Oase ist ...

Fata Morgana
...

...

1. Welches dieser Wüstenthemen interessiert dich? Suche dir ein Thema aus und erforsche es.
   ODER Suche dir ein anderes Wüstenthema aus.
   Wie du im Internet forschen kannst, erfährst du auf Seite 6 und Seite 90.

2. Schreibe einen Stichwortzettel über das, was du herausgefunden hast.

3. Berichtet euch gegenseitig mithilfe eures Stichwortzettels.

Du möchtest wissen, was eine **Fata Morgana** ist? Ich zeige dir, wie du dir im Internet Informationen darüber beschaffen kannst.

Gib zuerst den Namen einer Suchmaschine in das Adressfeld ein.

Suchmaschinen beginnen mit **www.** und enden mit **.de** für Deutschland, z. B. www.blinde-kuh.de.

In der Suchmaschine gibst du dann den Begriff ein: **Fata Morgana**.
Klicke dann auf Suchen.

Nun erscheinen die Suchergebnisse.
Das sind **Links**.
Links sind Verbindungen zu Internetseiten, die zu deinem Suchbegriff passen.

Klicke Links an, die für dich interessant sind.

1. Suche im Internet nach Informationen über die **Fata Morgana**.

    Suche im Internet nach Informationen über ein anderes Wüstenthema.

2. Berichte in der Klasse, was du herausgefunden hast.

Seite 90
im Internet recherchieren

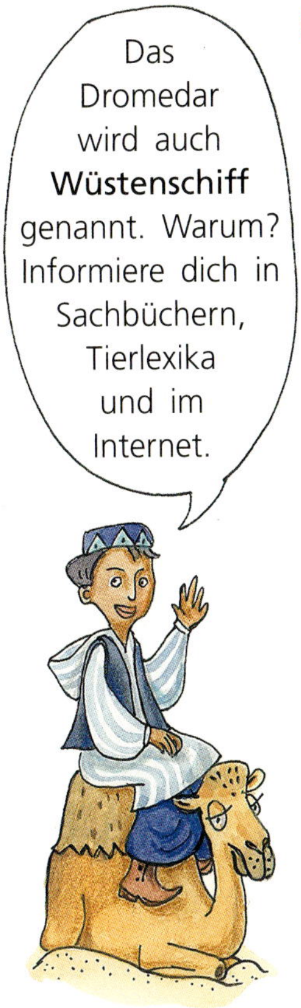

> Das Dromedar wird auch **Wüstenschiff** genannt. Warum? Informiere dich in Sachbüchern, Tierlexika und im Internet.

kleine Ohren mit Haaren – lange, schlanke Beine –
dichtes Fell – lange, dichte Wimpern – dicke Knie –
verschließbare Nasenlöcher – langer, gebogener Hals –
breite Schwielenpolster an den Fußsohlen –
dicke Speckschicht – runder Höcker

1. Zeichne ein Dromedar in dein Heft und beschrifte es (Nomen rot und Adjektive grün).

2. 😊 Lies ein Adjektiv vor: „kleine".
   😊 Lies das Nomen dazu vor: „Ohren".

3. Welche Aufgaben haben die einzelnen Körperteile? Informiere dich und berichte in der Klasse.

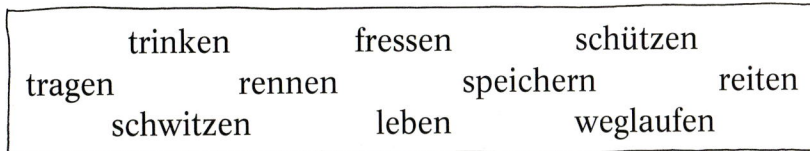

trinken fressen schützen
tragen rennen speichern reiten
schwitzen leben weglaufen

4. Schreibe mit diesen Verben Sätze über das Dromedar.
   Das Dromedar kann bis zu 100 l Wasser auf einmal trinken. Es …

5. Kennst du noch die Wortarten? Suche Beispiele dazu.
   Nomen: Ohr, Haare, …
   Adjektive: klein, …
   Verben: hören, …
   Artikel: das, ein, …
   Pronomen: es, …

Seite 90 Seite 108 Seite 112–117
ein Objekt beschriften, Wortarten, Sätze bilden

Weit im Süden Marokkos lebte ein Berberstamm, der sich **Söhne des Windes** nannte. Sein Zuhause war eine riesige Wohnburg mit Mauern aus Lehm. Dort lebte der Scheich Idi Hamid mit seiner großen Familie.

Der Scheich hatte viele Kinder. Ein Mädchen mit Namen Amina war seine Lieblingstochter. Der Scheich las ihr jeden Wunsch von den Augen ab. Eines Tages fragte Amina ihren Vater:
„Warum nennt sich unser Stamm **Söhne des Windes** und nicht **Töchter des Windes**?"
Der Scheich antwortete: „Das weiß ich nicht. Vielleicht, weil er schon immer so hieß und weil kein Anlass bestand, den Namen zu ändern."
„Wer bestimmt das?", wollte Amina wissen.
„Das bestimmt der Ältestenrat", erklärte der Vater.
„Wer ist das?"
„Das sind die Männer des Stammes."
„Und warum bestimmen nicht auch die Frauen?"
„Das ist gegen das Gesetz."
„Und wer macht die Gesetze?"
„Die Gesetze machen die Männer, die im Ältestenrat sitzen."

Später sagte der Scheich zu seiner Frau:
„Amina stellt zu viele Fragen. Ich glaube, es wird Zeit, dass wir unsere Tochter mit den anderen Kindern hinausschicken, um unsere Schafe und Ziegen zu hüten."

nach Sigrid Heuck

1. Lies den Text. Warum schickt der Scheich Amina hinaus? Überlegt gemeinsam.

2. Lest das Gespräch zwischen Amina und ihrem Vater in verteilten Rollen. Wie könnte es weitergehen?

3. Was will Amina alles wissen? Schreibe drei ihrer Fragen und die Antworten des Vaters dazu auf.

● Amina wurde eine gute Hirtin. Ihr größter Wunsch war es aber, reiten zu lernen. Doch das war den Frauen des Stammes verboten. Eines Tages lernte sie beim Ziegenhüten Prinz Tarik kennen. Er gehörte dem Stamm **Söhne des Sturms** an. Die **Söhne des Sturms** waren die Feinde von Scheich Idi Hamid. Tarik brachte Amina in der Wüste heimlich das Reiten bei:

1. Sprich die Aufforderungen und male mit dem Finger ein Ausrufezeichen auf den Tisch.

2. Was könnte Tarik noch rufen? Was könnte Amina rufen?

3. Schreibe die Aufforderungssätze auf.
   Achte auf die Satzzeichen.
   ✏ Tarik rief: „Halte die Zügel fester!"
   Amina antwortete: „…

4. Welcher Satz ist ein Aussagesatz, ein Fragesatz, ein Aufforderungssatz, ein Ausrufesatz?
   Schreibe die Sätze auf und ergänze die Satzzeichen. ✏

1. Wie geht die Geschichte von Amina und Tarik weiter? Erzähle in der Klasse.

   ODER Suche eine andere Geschichte, die im Orient spielt. Stelle sie der Klasse vor.

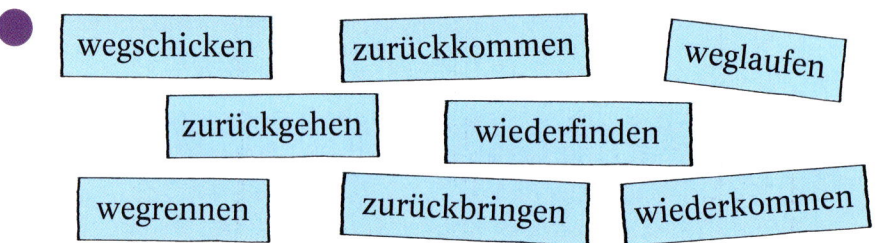

2. Schreibe jedes Verb in der Grundform auf und bilde einen Satz.
   ✏️ wegschicken – Der Vater schickte Amina weg.

3. Sammle weitere Verben mit den Wortbausteinen weg , zurück , wieder . ✏️

Max und Lara sitzen am Computer.
Sie suchen im Internet nach Informationen zum Leben von Kindern in der Wüste. Max gibt die Adresse einer Suchmaschine ein. Lara tippt dann den Suchbegriff ein und klickt auf das Feld „Suchen". Jetzt erscheinen die Suchergebnisse. Das sind Links. Lara klickt einen Link an. Nun gelangt sie auf eine Seite zum Leben von Kindern in der Wüste. Die Kinder drucken einen Text aus. Morgen wollen sie ihre Ergebnisse in der Klasse vorstellen.

4. 👧👦 Übt den Text als Partnerdiktat. ✏️

Seite 114
Wortbausteine weg-, zurück-, wieder-, zweigeteilte Verben, Übungstext

● Zehn-Minuten-Geschichten

Geist in der Flasche
Sandsturm
Der letzte Tropfen Wasser
Fata Morgana
Schlangenbeschwörer
Durst, Durst, Durst
...

Denke an: Einleitung, Hauptteil, Schluss!

1. Zu welcher Karte fällt euch eine Geschichte ein? Schreibt Stichwörter dazu auf.

2. Wähle eine Karte aus und schreibe eine Geschichte dazu auf. Du hast zehn Minuten Zeit.
Beantworte dabei folgende Fragen:
Wer? Wo? Warum? Was geschieht?
Welches Gefühl, welche Meinung haben die Personen?

3. Führt Schreibkonferenzen zu euren Geschichten durch.
Hilfe: Seite 92 und Seite 82 – 85

●

los
zurück

breit
dicht
dick
fest
schlank

die Wüste   das Leben
der Körper   das Bein
das Thema
das Ergebnis
die Ergebnisse
die Information
das Internet
die Suchmaschine
der Name   die Adresse

aufpassen
ausdrucken
leben   loslassen
reiten   sie reitet   er ritt
schützen
schwitzen   speichern
weglaufen   wegrennen
wegschicken
wiederfinden
zurückgehen

↱ Seite 82 – 85 und 92   ↱ Seite 94 – 97
eine Reizwortgeschichte planen, schreiben und überarbeiten, Übungswörter

11

Ich – du – wir

1. Suche dir eine Szene oder ein Wort aus und spiele vor, wie du dich fühlst. Die anderen raten.

2. Sprecht darüber, wie ihr euch fühlt und was ihr tut, wenn ihr wütend oder traurig oder glücklich oder … seid.

mutig
Ich mag nicht allein in den Keller gehen, um etwas zu holen. Aber …

lustig
Gestern Nachmittag ging ich wieder mit Lara, meiner Labradorhündin, an den Fluss.
Ich warf einen Stock …

wütend
Mein kleiner Bruder wollte einen Turm bauen. Aber die Klötze …

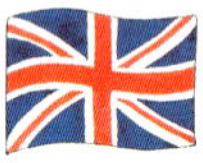

happy

heureux

mutlu

3. Sucht euch in Gruppen eine Geschichte aus und überlegt, wie sie weitergehen könnte.

   ODER Erfindet eine eigene Geschichte zu einem Adjektiv, das ein Gefühl ausdrückt.

Gefühle darstellen und beschreiben, einen Textanfang fortsetzen

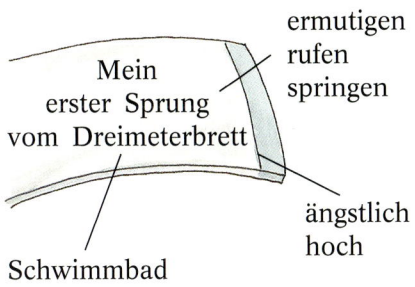
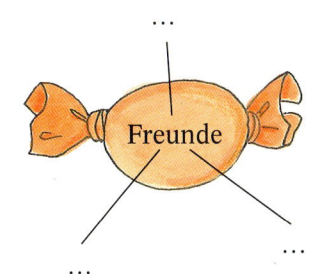

1. Sammelt Wörter und Ideen zu den Szenen.
2. Erzähle zu einer Szene eine Geschichte.
3. Führt Schreibkonferenzen zu euren Geschichten durch.

Lea war meine beste Freundin. Im Freibad waren wir immer lustig, obwohl ich etwas ängstlich bin. Aber Lea machte mir Mut vom Dreimeterbrett zu springen. Voller Übermut tauchte ich sie einmal unter das Wasser. Da bekam sie einen Schreck. Sie wurde sehr wütend und schrie: „Du bist nicht mehr meine Freundin!" Ich bin darüber immer noch traurig und hoffe, dass sie bald wieder freundlich zu mir ist.

4. Was würdest du tun, damit Lea nicht mehr böse ist?
5. Suche aus dem Text Nomen und Adjektive für Gefühle heraus.
   - Nomen: der Mut, …
   - Adjektive: lustig, …
6. Übe den Text als Schleichdiktat.

Seite 92   Seite 94 – 97   Seite 112 und 116
zu einem Bild schreiben, Schreibkonferenz, Abstrakta, Übungstext

die Angst
ängst**lich**

	traurig	die Wut	glücklich	
die Freude	das Glück	der Schreck		der Zorn
	zornig	schrecklich	der Mut	
freudig	mutig	wütend		die Trauer

1. Schreibe die Wortpaare auf.
   Fahre **lich**, **ig** und **end** grün nach.

2. Suche zu den Adjektiven passende Nomen und bilde Sätze.
   Ein trauriges Kätzchen saß … .

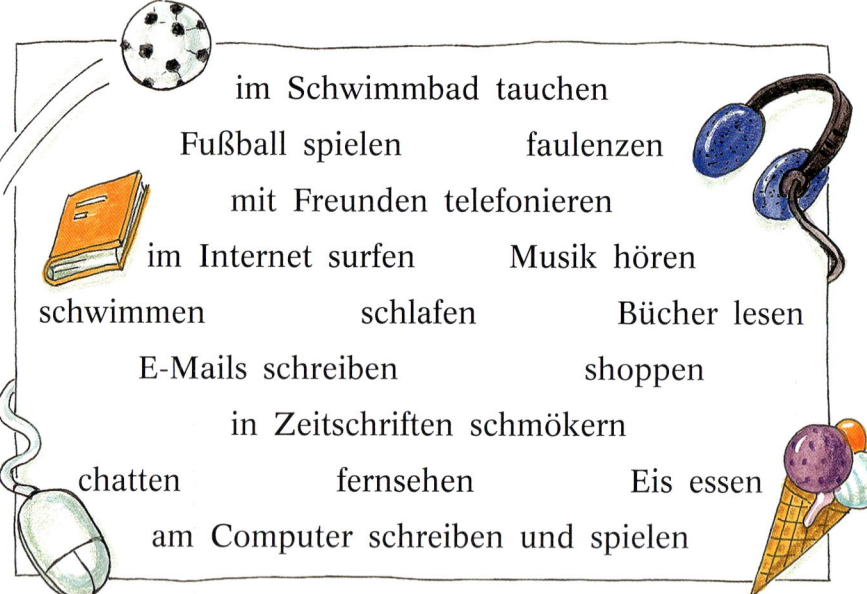

im Schwimmbad tauchen
Fußball spielen   faulenzen
mit Freunden telefonieren
im Internet surfen   Musik hören
schwimmen   schlafen   Bücher lesen
E-Mails schreiben   shoppen
in Zeitschriften schmökern
chatten   fernsehen   Eis essen
am Computer schreiben und spielen

Wann?
gestern
vorgestern
morgens
nachmittags
am Abend
…

Wo?
im Zimmer
draußen
im Garten
…

Wie?
gern
nicht gern
am liebsten
lange
…

3. Was machst du in deiner Freizeit?
   Ich surfe im Internet. …

4. Erweitere deine Sätze mit Zeitangaben, Ortsangaben und Angaben der Art und Weise:
   Ich surfe nachmittags im Internet.
   Ich surfe nachmittags gern im Internet.
   Ich surfe nachmittags gern zu Hause im Internet.

5. Sammelt Zeitangaben, Ortsangaben und Angaben der Art und Weise für eine Schreibkartei.
   Mit diesen Satzgliedern kannst du deine Geschichte ausgestalten.

Unser Klassenrap

● In der Klas-se vier,
bin ich, bist du, sind wir.

Ge-mein-sam kön-nen wir viel ma-chen,
ler-nen, uns ne-cken, rap-pen und la-chen.

Und weil wir uns so gut ver-ste-hen,
muss nie-mand vor der Tü-re ste-hen.

Ob bei Käl-te, Re-gen, Hit-ze,
uns-re Klas-se, die ist spit-ze.

Manfred Mai

1. Sprich den Text in Silben.
   ODER Versuche, ihn als Rap zu singen.

2. Für die Trennung von Wörtern gibt es Regeln. Kannst du die Regeln herausfinden?

● brin, las, fres, sit, zie, spre, ba, küs, krat, gie, wis, ge | zen, sen, sen, cken, zen, sen, hen, chen, ßen, gen, hen, sen

3. Setze die Verben richtig zusammen.

4. Ergänze zu jedem Verb ein Reimwort. Kontrolliere mit dem Wörterbuch.
   küs-sen – müs-sen, …

5. Schreibe selbst ein Silbenrätsel.

Seite 82 und 86
Silbentrennung, Reimwörter, ein Silbenrätsel schreiben

KLASSEN

Interessantes im Internet
- www.geolino.de
- www.wildefussballkerle.de
- www.blinde-kuh.de

Besuch im Museum

Witze

Rezepte

Unser Wandertag

Waise
Kaiser
Hai
Lakai
Laib
Mais
Saite
Laich
Mai

1. Kind ohne Eltern
2. Diener eines Königs
3. Teil einer Gitarre
...

Zaubertricks

Sport Nachrichten

Fahrradprüfung

Vorschläge

1. Was soll in eure Klassenzeitung? Entwerft einen Plan und überlegt euch pfiffige Überschriften.

Seite 94   Seite 110
eine Klassenzeitung planen, schreiben und gestalten, Wörter mit ai

ZEITUNG der 4a

Gesucht – Gefunden!

XY Kreuzworträtsel

		2		
1 X	A	X	A	
		3 X		
4 C	I	T	Y	
		C		
		E		

1. Name für eine Hexe
2. Beil
3. …

Mal-wettbewerb

Gedichte
- Elfchen
- Haiku

Buch-tipps
- Die wilden Fußballkerle von J. Masannek
- Leonie ist verknallt von M. Mai

Unsere Klasse 4a

Sven: Seit wann schreiben Sie Bücher?
Herr Mai: Ich habe 1978 damit angefangen.
Sven: Wie lange schreiben Sie an einem Buch?

Interview mit dem Autor **Manfred Mai**

2. Sammelt Beiträge und stellt eine Klassenzeitung her.

➜ Seite 94
Klassenzeitung, Interview, Gedicht, Kreuzworträtsel, Wörter mit x, y

> Oh, dieser Computer!
> Gestern schrieb ich einen Beitrag
> für unsere Klassenzeitung am Computer.
> <u>Dann</u> las ich meinen Text durch.
> Einige Stellen <u>gefallen</u> mir nicht.
> <u>Dann</u> <u>gehe</u> ich mit dem Cursor
> an die Stelle,
> und <u>dann</u> <u>überarbeite</u> ich den Text.
> <u>Dann</u> wollte ich den Text ausdrucken.
> Doch <u>dann</u> war plötzlich das Bild
> weg. Ich war verzweifelt.
> Ich rief meine Schwester. Sie <u>sagt</u>:
> „Du musst immer wieder sichern."
> Das half mir jetzt auch nichts mehr.
>   Lena

_____ Wdh.
_____ Zeit

1. Überarbeitet die Geschichte von Lena.
Wo könnte Lena noch genauer erzählen?

Wann war Manfred Mai in der Schule? Was hat er dort gemacht? Wer ist er?

> Der Schriftsteller Manfred Mai
> war bei uns in der Schule.*
> Wir haben viel über ihn erfahren.*
> Das war spannend.
> ...

*ausgestalten
*ausgestalten

2. Überarbeitet Svens Beitrag für die Klassenzeitung. Verwendet auch Zeitangaben, Ortsangaben und Angaben der Art und Weise.
 Im Oktober war der Schriftsteller Manfred Mai bei uns in der Schule. Manfred Mai ist ...

3. Informiert euch über Manfred Mai (www.manfred-mai.de) und schreibt den Beitrag weiter.

ODER Schreibe einen Beitrag über einen anderen Besuch an eurer Schule.

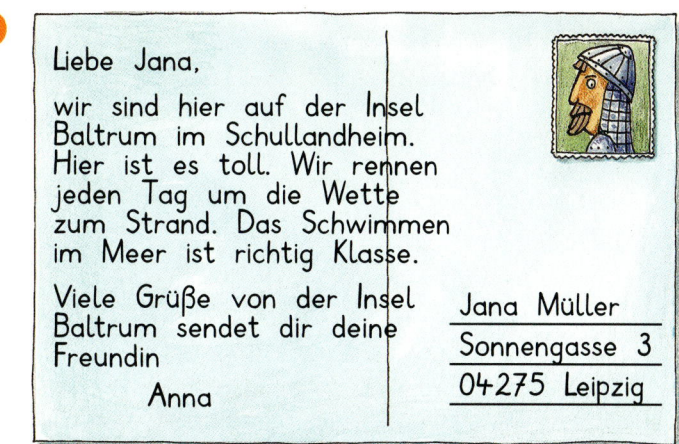

1. Trenne die Wörter richtig am Zeilenende.
✎ In-sel, …

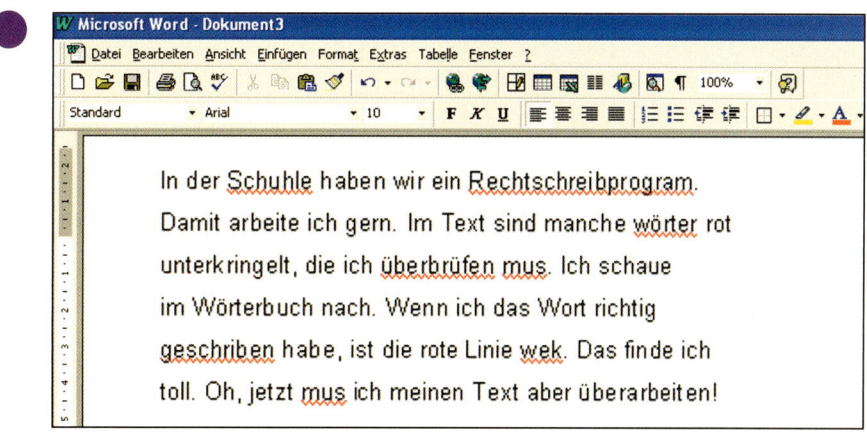

2. Korrigiere die markierten Wörter.
Benutze dazu das Wörterbuch. ✎

draußen einmal gestern vorgestern morgens nachmittags nichts	hoffen fernsehen telefonieren überarbeiten überprüfen wissen ziehen	die Freude der Mut die Wut der Schreck die Trauer das Programm der Text die Zeitschrift	richtig mutig schrecklich traurig wütend zornig

➜ Seite 84 – 87
Worttrennung am Zeilenende, einen Fehlertext überarbeiten, Übungswörter

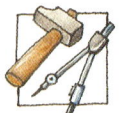

Berufe

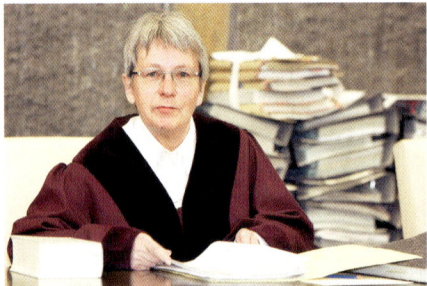

Richterin

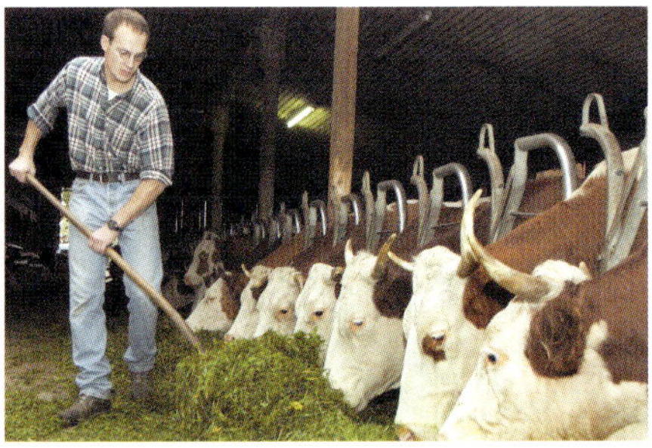

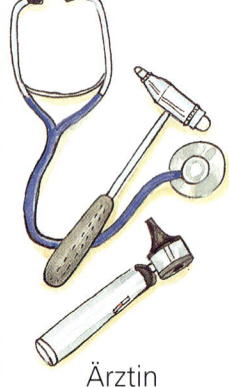

Landwirt

Ärztin

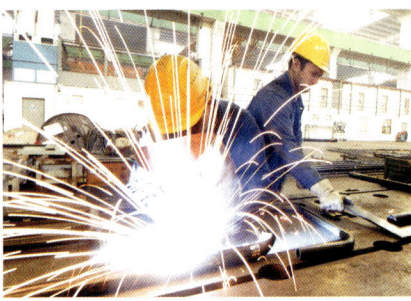

Schweißer

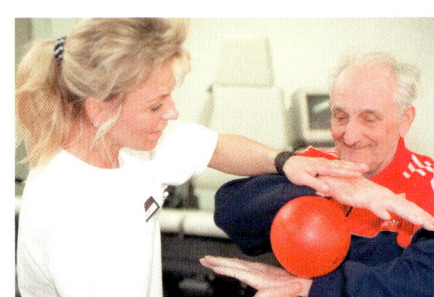

Krankengymnastin

1. Was wisst ihr über diese Berufe?
   Kennt ihr weitere Berufe?

2. Beschreibe einen dieser Berufe.
   - Informiere dich dazu in Sachbüchern und im Internet.
   - Befrage deine Eltern und deine Verwandten.

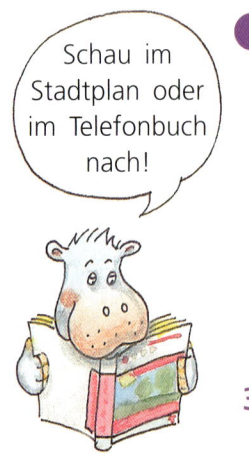

Schau im Stadtplan oder im Telefonbuch nach!

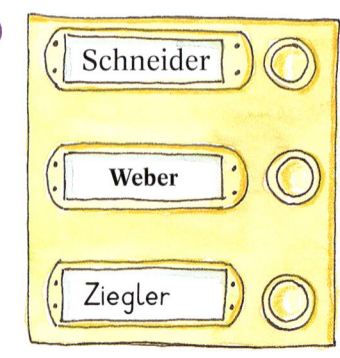

Schneider
Weber
Ziegler

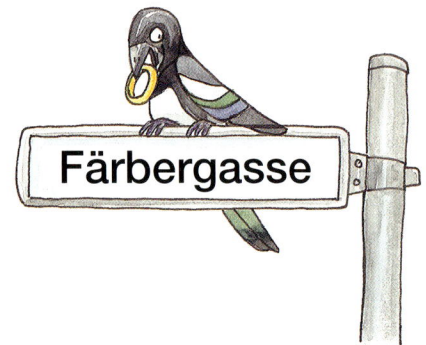

Färbergasse

3. Suche weitere Familiennamen und Straßennamen, die von Berufen abstammen.

Seite 90

Berufe beschreiben, berufsbezogene Bedeutungen von Namen erkennen

● Kraftfahrzeugmechatroniker/in

Jedes Kraftfahrzeug muss in Stand gehalten und bei Störungen oder Schäden repariert werden. In der Autowerkstatt überprüft die Kraftfahrzeugmechatronikerin oder der Kraftfahrzeugmechatroniker, ob das Fahrzeug verkehrssicher ist.
Sie warten das Fahrzeug, kontrollieren den Motor und die Karosserie. Oft müssen Schäden repariert oder neue Teile eingebaut werden.
Die Ausbildung dauert dreieinhalb Jahre.
Neben der Ausbildung im Betrieb besuchen die Auszubildenden die gewerbliche Berufsschule.

1. Erkläre die Arbeit der Kraftfahrzeugmechatronikerin/ des Kraftfahrzeugmechatronikers.

2. Schlage Wörter nach, die du nicht kennst, und erkläre sie. ✏️

policeman

agent de police

poliziotto

polis

3. Sammelt weitere Fragen. ✏️

4. Interviewt eine Polizistin/einen Polizisten. Macht euch Notizen oder nehmt das Interview mit einem Kassettenrekorder auf.

   ODER Interviewt eine andere Person, deren Beruf euch interessiert.

5. Was habt ihr herausgefunden? Stellt eure Ergebnisse vor.

● Früher gab es viele Berufe nur für Männer. Frauen konnten nicht Bäckerin oder Schreinerin und schon gar nicht Ärztin oder Richterin werden. Lehrerinnen mussten ihren Beruf aufgeben, wenn sie heirateten. Viele Frauen fanden das gar nicht gerecht. Es machte sie wütend, wenn sie einen Beruf nicht erlernen durften. Sie kämpften dafür. Zum Glück hat sich das geändert. Frauen arbeiten heute in fast allen Berufen. Und sie haben genauso viel Freude daran wie Männer.

in

innen

1. Schreibe die Berufsbezeichnungen für Frauen in der Einzahl und in der Mehrzahl auf.
   ✎ die Bäckerin – die Bäckerinnen, …

2. Suche zu den fünf Wörtern mit **Ä/ä** verwandte Wörter mit **A/a**. Hilfe: Seite 104 ✎

3. Übe den Text als Dosendiktat. ✎

●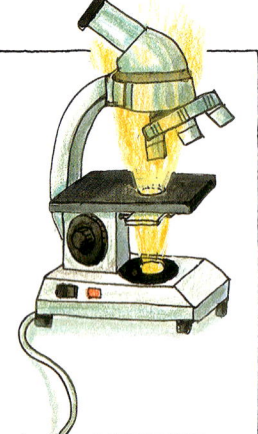

Mikrobiologin

Ich beschäftige mich gern mit dem Mikroskop. Damit sieht man die kleinsten Lebewesen.
Man kann Krankheiten entdecken und den Menschen helfen.
            Aurelia

4. Welcher Beruf würde dir Spaß machen? ✎

5. Sammelt Texte und Bilder zu verschiedenen Berufen. Legt eine Berufekartei oder eine Tabelle an.

Beruf	Arbeitsort	Werkzeuge Geräte	Berufs-kleidung
Kfz-Mecha-troniker/in	Autowerkstatt	Schraubenschlüssel, …	Blaumann
Polizist/in	…		

➜ Seite 90   ➜ Seite 104–107   ➜ Seite 112
Wortbausteine -in/-innen, Wörter mit a/ä, Übungstext, eine Kartei oder Tabelle anlegen

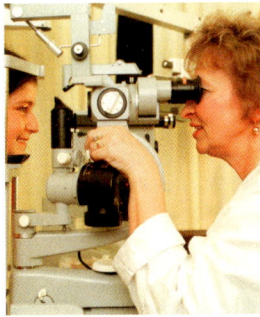  

Optikerin — Pilot — Modistin

Wer oder was tut etwas? So frage ich nach dem Subjekt.

Wer gibt dem Hund die Spritze? **Wer** entwirft Hüte?
Wer steuert das Flugzeug? **Wer** passt Brillen an?

1. Denke dir weitere Fragen zu diesen Berufen oder zu anderen Berufen aus.

2. Beantworte die Fragen. Unterstreiche das Subjekt und zeichne das Dreieck darunter.
   Der Tierarzt gibt .... .

backen — pflanzen — bedienen

Was tut jemand oder was geschieht? So frage ich nach dem Prädikat.

Was tut die Konditorin? **Was tut** der Gärtner?
Was tut der Kellner? **Was tut** die ... ?

3. Denke dir weitere Fragen zu den Berufen oder zu anderen Berufen aus.

4. Beantworte die Fragen. Unterstreiche das Prädikat und zeichne einen Kreis darunter.
   Die Konditorin bäckt eine Torte.

Seite 120
Subjekt und Prädikat, Fragen stellen

bread

pane

pan

ekmek

Die Kinder der Klasse 4a besuchen eine Bäckerei.
Der Bäcker ist sehr freundlich.
Er zeigt den Kindern seine Backstube.
Die Kinder staunen. Der Bäcker formt die Brote.
Dann legt er die Brote auf ein großes Blech.
Die Bleche kommen in einen großen Backofen.
Die Brezeln schlingt der Bäcker noch mit der Hand.
Die Kinder versuchen das auch. Es ist gar nicht
so einfach. Zum Schluss nimmt jedes Kind
seine Brezel mit nach Hause.

1. Schreibe den Text in dein Heft.
   Denke an die fünf Schritte:

2. Unterstreiche in jedem Satz das Subjekt und das Prädikat und zeichne die Zeichen (△, ○) darunter.

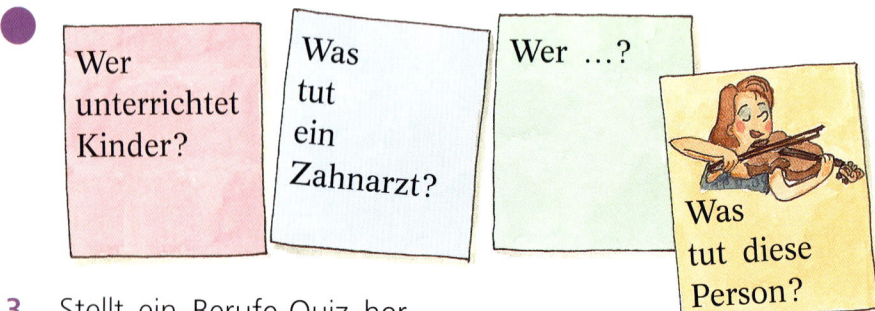

3. Stellt ein Berufe-Quiz her.
   Schreibt auf die Vorderseite die Frage
   und auf die Rückseite die Antwort.
   Denkt euch gemeinsam eine Spielregel aus.

4. Kennt ihr noch andere Berufe-Spiele?

● Beruf: Erfinderin

Lakra Kritza holt heute ihren Erfinderhut. Erst zerkleinert sie einen Autoreifen. Nun setzt sie den Topf auf den Herd. Sie zerstampft eine Zuckerrübe mit etwas Schneckenschleim. Nun rührt sie drei Tage und drei Nächte.

1. Was hat Lakra Kritza erfunden?
   Es ist schwarz und süß und elastisch.

2. Frage bei jedem Satz, was Lakra Kritza tut, und schreibe das Prädikat auf.
   ✎ holt, …

3. Schreibe zuerst das Subjekt, dann das Prädikat in einen Kreis und füge die übrigen Satzglieder hinzu. Du findest sie durch Umstellen.

   ✎ Lakra Kritza (holt) < heute
                         ihren Erfinderhut

● Klasse 4a bietet interessante Tätigkeit als **Raumlüfter/in**. Interesse? Probelüften täglich in der Pause

4. Welche Arbeiten gibt es bei euch in der Klasse? Schreibt Stellenanzeigen zu Tafeldienst, Blumenpflege, Klassenbücherei, … . ✎

●

genauso	der Beruf	das Werkzeug	arbeiten	erlernen
fast dafür	der Arzt	die Ärztin	kämpfen	ändern
daran	der Bäcker	die Bäckerin	versuchen	aufgeben
nach Hause	der Schreiner		heiraten	
oder wenn	die Schreinerin		rühren	
gar nicht	der Richter	die Richterin	gerecht	

→ Seite 94 → Seite 120
Subjekt und Prädikat, Satzglieder, eine Stellenanzeige schreiben, Übungswörter

Spielen – hier und anderswo

1. Welche Klappspiele kennt ihr? Berichtet davon und erprobt die Spiele in der Gruppe.

2. Bringt Klappbücher mit in die Schule. Betrachtet und vergleicht sie.

Wer?	Tut was?	Wie?	Wo?
Opa	plätschert	lustig	in der Wanne.
Tante Evi			

- ein Blatt in vier Spalten falten
- die vier Satzglieder aus dem Mustersatz eintragen
- in die erste Spalte ein Subjekt schreiben (Wer oder was?), Spalte nach hinten falten
- Blatt weitergeben, in die nächste Spalte ein Prädikat eintragen (Was tut er, sie, es?)
- wieder umknicken und weitergeben
- dritte und vierte Spalte: Wie und wo geschieht etwas?
- auffalten und vorlesen

3. Spielt das Schreibspiel **Opa plätschert**.

berichten, Spiele durchführen, ein Klappbuch für Satzglieder herstellen

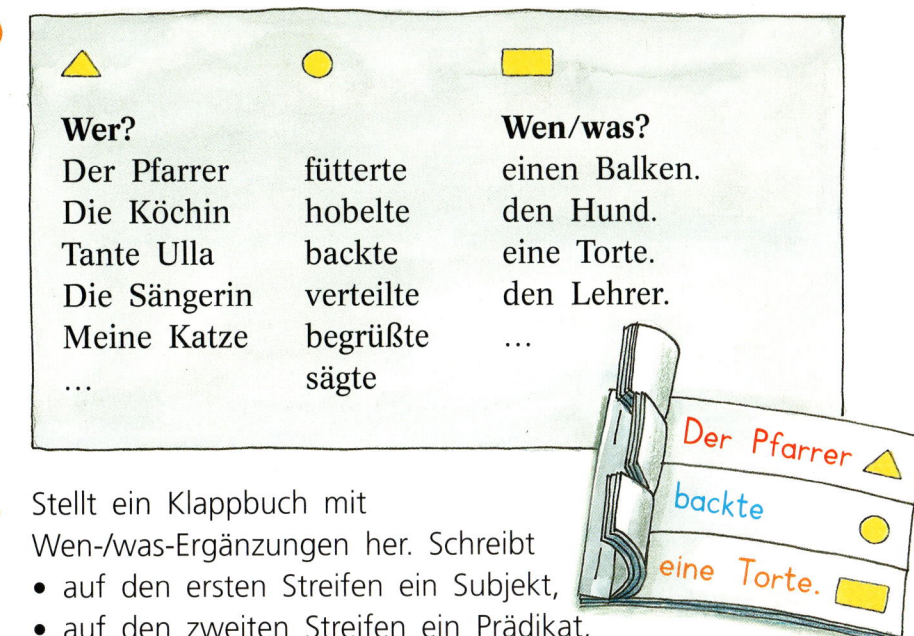

Wer?		Wen/was?
Der Pfarrer	fütterte	einen Balken.
Die Köchin	hobelte	den Hund.
Tante Ulla	backte	eine Torte.
Die Sängerin	verteilte	den Lehrer.
Meine Katze	begrüßte	…
…	sägte	

1. Stellt ein Klappbuch mit Wen-/was-Ergänzungen her. Schreibt
   - auf den ersten Streifen ein Subjekt,
   - auf den zweiten Streifen ein Prädikat,
   - auf den dritten Streifen eine Wen-/was-Ergänzung.

2. Lest lustige Sätze aus dem Klappbuch vor.

3. Schreibe vier Sätze ab und unterstreiche die Wen-/was-Ergänzung (Objekt).

Wer/was?		Wem?
Mein Dackel	dankte	der Nachbarin.
Das Kind	gratulierte	meinem Freund.
Onkel Hugo	half	den Bäumen.
Salz	schmeckte	meinem Opa.
…	gefiel	…

Wen-/was- und Wem-Ergänzungen heißen auf Lateinisch **Objekte**.

4. Stellt auch ein Klappbuch mit Wem-Ergänzungen her.

5. Schreibe vier lustige Sätze aus deinem Buch ab und unterstreiche das Objekt.

● Tanja und Ayshe sammeln Papierreste, Stoff und Draht. Ayshes Oma gibt den Kindern Wolle und Silberfolie. Dem Opa betteln die beiden noch Holzstäbchen ab. Über diese seltsame Sammlung wundert sich ihr Freund Frederik. Die Mädchen verraten ihm, was sie damit vorhaben. Sie wollen Fantasiefiguren daraus basteln. Frederik ist begeistert. Schnell holt er noch Wellpappe und einige leere Jogurtbecher. Nun baut jedes Kind eine Fantasiefigur. Am nächsten Tag nehmen sie diese mit in die Klasse. Plötzlich wollen auch andere Kinder fantasievoll mit altem Material basteln.

Hilfe: Seite 27

△ sammelt etwas?

▭ sammeln Tanja und Ayshe?

▯ betteln sie Holzstäbchen ab?

▭ holt Frederik?

△ will auch fantasievoll basteln?

1. Welche Fragen werden gestellt? Weißt du die Antworten? ✏

2. Überlege dir weitere Fragen und schreibe sie auf. Bilde Antwortsätze und unterstreiche die Satzglieder. ✏

3. Sammelt auch Bastelreste, Naturmaterialien, … . Gestaltet Fantasiefiguren.

Durch Umstellen kann man Texte lebendiger gestalten.

●
kaufte	zeigte	gab
brachte	schrieb	wünschte	bastelte
erzählte	schenkte	erklärte

4. Bilde mit den Verben Sätze nach diesen Mustern:
△ ○ ▯ ▭ ,   ▭ ○ △ ▭   und   ○ △ ▯ ▭ . ✏

Paraguay

● In vielen Ländern müssen Kinder schon früh mitarbeiten. Aber auch sie spielen in ihrer Freizeit gern.
Die Kinder in Paraguay spielen besonders oft Bolero. Es ist ein Spiel, das sie selbst aus einfachen Materialien basteln.

Holzstab
Schnur, ca. 30 cm lang

Holzkugel oder Pappring

abmessen und abschneiden

bohren oder ausschneiden

kleben oder nageln

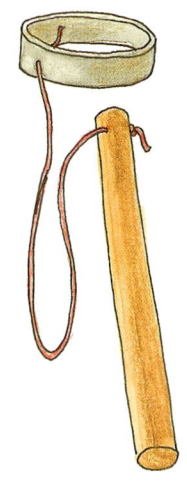

1. Male und schreibe eine Bastelanleitung für einen Bolero.
   ✏ Schnur abmessen
   ⓞⒹⒺⓇ Ich messe die Länge der Schnur ab.

2. Bastelt euch Boleros. Am besten, ihr macht zuerst einen Bolero aus einem Pappring.

3. Übt, bis ihr den Ring oder die Kugel mit dem Stab fangen könnt.

4. Denkt euch eine Spielregel für Bolero aus, wenn ihr zu dritt oder viert spielt.
   ✏ Spielregel für Bolero
   Man spielt reihum.
   Man darf jeweils drei Versuche machen. ...

5. Vergleicht eure Spielregeln.
   Achtet auf die Verben **dürfen**, **sollen**, **müssen**, **können**.

➜ Seite 100   ➜ Seite 120
eine Bastelanleitung schreiben, eine Spielregel verfassen, Modalverben

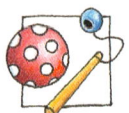

wollen
können
sollen
mögen
müssen
dürfen

● Die Kinder der 4. Klasse ▪ einen Spielenachmittag durchführen. Jedes Kind ▪ überlegen, welches Spiel es am liebsten spielt. Dieses Spiel ▪ es den anderen vorstellen. Wer Lust hat, ▪ auch mehrere Spiele erklären. Immer ein Spielleiter führt mit seiner Gruppe ein Spiel durch. Nach einer bestimmten Zeit ▪ ein neuer Spielleiter gewählt werden. So ▪ die Kinder viele Spiele ausprobieren.

1. Setze passende Verben ein und schreibe den Text auf.

2. Unterstreiche die Verben **können**, **sollen**, **müssen**, **dürfen**, **wollen** und das dazugehörige Verb.
   ▷ Die Kinder <u>wollen</u> einen Spielenachmittag <u>durchführen</u>.

3. Was **willst** du? Was **kannst** du?
   ▷ Ich <u>will</u> in der Fußballmannschaft <u>mitspielen</u>.
   Ich <u>kann</u> …

to play

jouer

giocare

oynamak

igratch
играть

● Ich wollte mit meinem Freund Bolero spielen. Leider sagte Arthur ab. Er ging zum Fußballtraining. Da lief ich zu Ben. Er wollte zuerst nicht mitmachen. Aber ich konnte ihn noch überreden. Wir legten die Spielregeln fest. Ben durfte beginnen. Er fing die Kugel sofort beim ersten Mal auf. Da staunte ich nicht schlecht. Das wollte ich auch schaffen! Aber ich zielte nicht richtig. In der nächsten Spielrunde durfte ich anfangen. Ich strengte mich mächtig an. Da riss meine Schnur ab. In hohem Bogen flog die Kugel weg. Wir fanden sie aber zum Glück wieder.

4. Suche aus dem Text alle Prädikate heraus und entscheide: **einteiliges** oder **zweiteiliges** Prädikat.

einteiliges Prädikat ○	zweiteiliges Prädikat ◌◌
ging	wollte spielen
…	sagte ab

Seite 120
Übungstext, Modalverben, ein- und zweiteilige Prädikate

Würfelspiel zur Auslaut- und Konsonantenverhärtung, Übungswörter

Nimm die Hürde!

- Würfle und setze deine Figur.
- Lies das Wort und ergänze **b/p**, **d/t** oder **g/k**. Erkläre: „die Stä**b**e – darum Stab mit **b**"
- Jeder schreibt sein erwürfeltes Wort auf.
- Kontrolliert mit dem Wörterbuch.
- Wer ist zuerst am Ziel?

Felder: bun_, sie überle_t, der Sta_, gesun_, ein Feld vor, der Stau_, der Ta_, der Kle_stoff, einmal aussetzen, er lie_te, sie flo_, zwei Felder zurück, klu_, das Werkzeu_, einmal aussetzen, der Hel_, das Geschen_papier, der Han_schuh, drei Felder zurück, die Erlau_nis, Ziel

sofort

der Nachbar
die Nachbarin
die Spielregel
der Stab

beginnen   er beginnt   sie begann
danken   erklären   gratulieren
fangen   er fängt   sie fing
gefallen   es gefällt   es gefiel
helfen   er hilft   sie half
probieren   sägen   sollen   vorstellen   wählen

Seite 82 und 86   Seite 104

Jahraus, jahrein

Szene 1:
Die drei Weisen kommen zu Jorim

Die drei Weisen folgten dem Stern,
der sie zu dem neuen König führen sollte.
Als es dunkel wurde,
kamen sie an eine kleine Hütte und klopften an.
Der Hirtensohn Jorim öffnete ihnen.
Sie erzählten ihm vom Stern
und von dem Kind, das sie suchten.
Am nächsten Morgen
zogen die drei Weisen weiter.

Szene 2:
Jorim im Dorf

Jorim wollte das neugeborene Kind auch begrüßen.
Er machte sich sofort auf ins Dorf.
Dort erzählte er den Leuten
von seiner Begegnung mit den drei Weisen.
Er erzählte auch, was sie vom Stern
und von dem Kind berichtet hatten.
Die Leute des Dorfes gaben ihm eine Flöte mit.
Damit sollte er das Kind und alle anderen erfreuen.

eine Legende nacherzählen und szenisch darstellen

Szene 3:
Jorim
auf dem Weg

Auf seinem Weg zum Kind kam Jorim
zu einem alten Mann, der Holz spaltete.
Jorim half ihm.
Der alte Mann gab ihm eine Decke für das Kind mit.
Jorim traf ein kleines Mädchen,
das sich verirrt hatte und weinte.
Er brachte es zu seinen Eltern.
Sie schenkten Jorim Brot für sich, das Kind
und die anderen.
Und wieder machte sich Jorim auf den langen Weg.
Manchmal begann er zu zweifeln.
Würde er das Kind finden?
Er …

Szene 4:
In Bethlehem

Endlich sah Jorim eine armselige Hütte.
Der Stern stand über ihr, und sie erstrahlte
in einem wunderbaren Licht.
Große Freude erfüllte sein Herz.
Zuerst erkannte er die drei Sterndeuter.
Neben ihnen waren Hirten, ein Mann
und eine Frau, die ein Kind
in ihren Armen hielt.
Er legte die wollene Decke um die Frau
und das Kind, um sie vor der Kälte zu schützen.
Dann nahm er das Früchtebrot und verteilte es.
Auf der Flöte spielte er eine Melodie,
die vom Elend der Menschen,
von ihrer Not, ihrer Einsamkeit erzählte,
die aber auch voll war von ihren Hoffnungen.

1. Spielt jede Szene.

2. Verteilt die Szenen an Gruppen.
   Schreibt auf, was die Personen wörtlich sagen.
   ✏ Szene 2:
   Jorim: Kommt alle! Ich muss euch etwas erzählen.
   Hirte: Du bist ja ganz aufgeregt.
   Jorim: Stellt euch vor, gestern Abend
           klopfte es …

Seite 96
Dialoge entwickeln und aufschreiben

- Figur auf Karton aufmalen
- Figur ausschneiden
- Haltestab anbringen
- Kulissen auf Folie malen

1. Stellt euch Figuren und Kulissen für ein Schattenspiel her.
2. Spielt die Szenen. Einige Kinder führen die Figuren, andere lesen den Text, und andere machen Musik dazu.

peace

pace

die Liebe
der Frieden
die Freude
die Angst
das Glück
das Leid
die Not
die Einsamkeit
die Gerechtigkeit

3. Jeder der drei Weisen spricht drei Wünsche aus.
   Kaspar: „Schenke der Welt Frieden."
   Melchior: „Befreie uns von … ."
   Balthasar: „Gib uns … ."

4. Findest du zu den Nomen verwandte Wörter?
   die Liebe: lieben, lieb, …

der Stern
das Jesuskind
die Hirten
der Stall
das Kind

Die drei Weisen folgten gemeinsam ▢.
Sie suchten ▢.
Unterwegs fragten sie ▢ nach dem Weg.
Spät in der Nacht fanden sie endlich ▢.
Die drei Weisen brachten ▢ Geschenke.

5. Setze die Objekte in der richtigen Form ein.

34   Seite 112 und 120–123
szenisches Spiel, Abstrakta, Wortfamilien, Objekte

unterstützen
beginnen
sammeln
stellen
öffnen
schicken

In manchen Dörfern und Städten gehen am 6. Januar die Kinder von Haus zu Haus. Sie tragen goldene Kronen und schöne Kleider. Ein Kind trägt an einer langen Stange den Stern. Die Kinder ▪ sich vor die Haustür und ▪, ein Lied zu singen. Die Leute ▪ die Türen und hören zu. Die Sänger ▪ Spenden. Das Geld ▪ sie in die Entwicklungsländer. Damit ▪ sie dort Kinder, die Hilfe für ihre Ausbildung, Nahrung und Kleidung brauchen.

1. Schreibe den Text vollständig auf und kennzeichne die Prädikate.

2. Suche Nomen mit ung und Wörter mit doppelten Konsonanten heraus.

öffnen
er öffnet
geöffnet
der Flaschenöffner
offen
öffentlich

Nussknacker
knacken
er knackt
aufknacken

stützen   öffnen
Glück   kennen
sammeln   backen
Schutz   fassen

3. Bilde Wortfamilien. Fahre die **doppelten Konsonanten**, **tz** und **ck** farbig nach.

ab ver an be stell t ung
vor ge aus en

4. Ein Kind bildet ein Wort aus diesen Wortbausteinen. Ein anderes sagt einen Satz dazu.

5. Bilde Wortfamilien mit dem Wortstamm stell.
   die Vorstellung, vorstellen, vorgestellt
   die Aus…

Seite 102 und 106   Seite 120
Wörter mit Doppelkonsonanten, tz und ck, Wortfamilien, Übungstext

A happy new year!

Bonne année!

Felice anno nuovo!

Feliz año nuevo!

- mein Fahrrad öfter putzen
- gesund werden
- mit Tom vertragen
- nicht mehr so oft aufregen
- hoffentlich die Oma wiedersehen
- in der neuen Klasse Freunde finden
- öfter mit meinem Sohn spielen

1. Die meisten Menschen haben für das neue Jahr Wünsche, Hoffnungen und Vorsätze. Erzähle.

2. Wer hat wohl welche Wünsche?

3. Hast du auch einen Wunsch oder Vorsatz? Schreibe ihn auf und male dazu.

Nächste Woche ...   Ich werde ...
Später will ich ...   In den Ferien ...
Übermorgen ...   Am Donnerstag ...
Er wird ...   Heute Abend ...

4. Vervollständige die Zukunftspläne.
   Nächste Woche fahre ich ins Trainingslager.

5. Bilde weitere Sätze mit Zukunftsangaben.

6. Unterstreiche in deinen Sätzen die Ausdrücke, die darauf hinweisen, dass etwas in der Zukunft geschieht.

Mit Verben kann man die Zeitform **Zukunft** (Futur) bilden.

Ich werde dich besuchen.

● Lieber Hannes,
ich werde dich nun doch besuchen. Unser Familienurlaub wird um eine Woche verschoben. Hoffentlich erkennst du mich noch! Meine Mutter sagt, dass ich sie bald überrage. Werden wir wieder am Neujahrslauf teilnehmen? Ich bringe meine neuen Schlittschuhe mit. Am Start will ich gleich richtig loslegen. Den Pokal wirst du nicht gewinnen!
Er wird im nächsten Jahr mein Zimmer schmücken!
Bis bald, Justus

1. Schreibe die Sätze heraus, die ausdrücken, dass etwas in der Zukunft geschieht. Unterstreiche die entsprechenden Wörter.
   ✏ Lieber Hannes, ich <u>werde</u> dich nun doch <u>besuchen</u>.

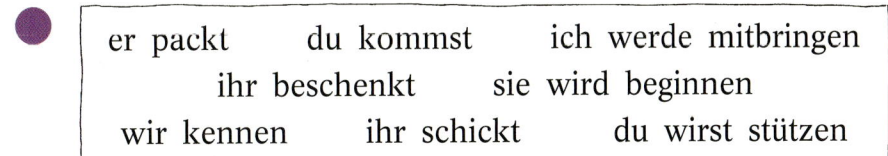

●
er packt	du kommst	ich werde mitbringen
ihr beschenkt	sie wird beginnen
wir kennen	ihr schickt	du wirst stützen

2. Ergänze die Tabelle.

Vergangenheit (Präteritum)	Gegenwart (Präsens)	Zukunft (Futur)
er packte	er packt	er wird packen
...	du kommst	...

●

golden
einsam
gemeinsam
endlich

übermorgen

fassen abstellen
öffnen
lieben
beschenken
mitbringen
schicken entwickeln
stützen unterstützen

die Liebe   der Frieden
die Gerechtigkeit   die Hilfe
die Einsamkeit   das Leid
das Jahr   die Stange
die Kleidung   die Krone
die Ausbildung
das Dorf   die Dörfer
die Stadt   die Städte
das Land   die Länder

↪ Seite 114
Verben in der Vergangenheits-, Gegenwarts- und Zukunftsform, Übungswörter

Bedrohte Tiere und Pflanzen

Durch die Veränderung der Naturlandschaft und die Umweltverschmutzung wird vielen Tieren der Lebensraum genommen. Da sie nicht mehr ausreichend Nahrung und Schutz finden, sind sie vom Aussterben bedroht.

Eines der vielen bedrohten Tiere der Erde ist der **Pandabär**. Er lebt seit fünf Millionen Jahren ausschließlich in China. Dort musste er sich bis in die hohen Berge zurückziehen, um noch Nahrung zu finden. Der Pandabär frisst am Tag bis zu dreißig Kilogramm Blätter vom Bambusbaum. Um diese Menge zu schaffen, verbringt er täglich vierzehn Stunden mit der Nahrungsaufnahme.
Pandabären sind Einzelgänger. Nur in der Paarungszeit suchen sich die Männchen ein Weibchen.
Das Weibchen bringt nach nur vier Monaten Tragezeit ein Jungtier zur Welt. Bei seiner Geburt wiegt der Pandabär nur einhundert Gramm. Das Junge wird fünf Monate gesäugt. Dann muss es wie die großen Bären Bambus zu sich nehmen.
Wenn der Pandabär ausgewachsen ist, hat er ein Gewicht von rund einhundert Kilogramm und manchmal eine Größe von fast zwei Metern. Pandabären können zwanzig Jahre alt werden.

Lebensraum
Nahrung
Tragezeit
Jungtier
Größe
Gewicht
Alter

1. Sucht aus diesem Text Informationen über den Pandabären.
   Lebensraum: China, …

2. Sammelt Informationen zum Koalabären.

   ODER Sammelt Informationen zu einem anderen bedrohten Tier.

   Schreibt dazu einen Sachtext.

Seite 90   Seite 100
Informationen entnehmen und sammeln, Stichwörter notieren, einen Sachtext schreiben

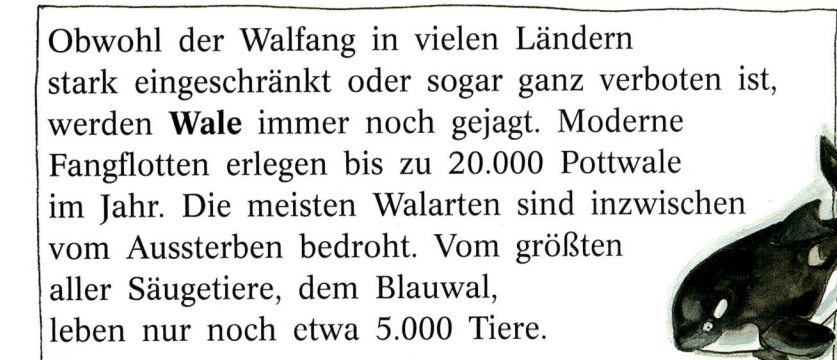

Obwohl der Walfang in vielen Ländern stark eingeschränkt oder sogar ganz verboten ist, werden **Wale** immer noch gejagt. Moderne Fangflotten erlegen bis zu 20.000 Pottwale im Jahr. Die meisten Walarten sind inzwischen vom Aussterben bedroht. Vom größten aller Säugetiere, dem Blauwal, leben nur noch etwa 5.000 Tiere.

Viele Jahre lang wurden **Elefanten** wegen ihrer Stoßzähne gejagt. Sie sind aus wertvollem Elfenbein und werden deshalb auch weißes Gold genannt. Daraus wurden teure Schmuckstücke hergestellt. Die Elefanten aber gingen elend zu Grunde, und die Jungtiere irrten allein umher. Um die Elefantenjäger abzuschrecken, bestrafte man die Elfenbeinschmuggler hart, und die beschlagnahmten Stoßzähne wurden oft verbrannt.

Galapagosschildkröten gibt es seit über 200 Millionen Jahren. Inzwischen stehen sie kurz vor der Ausrottung. Früher legten die Seefahrer immer wieder an den Galapagos-Inseln an, um sich Schildkröten als Nahrung mit an Bord zu nehmen. Eingeschleppte Hunde fraßen die Schildkröteneier auf, sodass der Nachwuchs ausblieb.

1. Suche weitere Informationen zu diesen und anderen bedrohten Tierarten. Lege eine Tabelle an. Tauscht euch über die Tiere aus.

Tier	Lebensraum	Nahrung	Bedrohung
Blauwal	…	…	…

2. Macht einen Forscherausflug in den Zoo. Findet heraus, welche bedrohten Tiere dort eine Heimat gefunden haben. Ergänzt die Tabelle.

Seite 90
Informationen entnehmen und sammeln, eine Tabelle anlegen

🟠 Pandabären fressen fast ausschließlich ☐.
Die Bärenmutter säugt ☐ fünf Monate lang.
Einige Fangflotten erlegen immer noch geschützte ☐.
Man sollte deshalb ☐ besser kontrollieren.
Eingeschleppte Hunde fraßen ☐ auf.
☐ nannte man auch weißes Gold.
Aus Elfenbein stellte man ☐ her.

1. Schreibe die Sätze mit passenden Wen-/was-Ergänzungen (Objekten) auf. ✏️

2. Unterstreiche jedes Objekt und setze das Zeichen darunter. ✏️

Elefantenjagd: ja oder nein?

- Elefanten zertrampeln die Pflanzungen; deshalb dürfen die Bauern sie jagen.
- Ich finde diese Meinung falsch, denn …
- Du hast recht. Man braucht auch das Elfenbein zur Schmuckherstellung.
- Wer möchte sich noch äußern?
- Was Lisa gesagt hat, finde ich nicht richtig, weil …

3. Für und gegen die Elefantenjagd gibt es viele Argumente. Führt eine Diskussion durch.

Gesprächsleiter
Gesprächsregeln
Diskussionsergebnis
…

4. Sprecht anschließend über eure Diskussion.
   - Welche Gesprächsregeln habt ihr eingehalten, welche nicht?
   - Was könnt ihr verbessern?
   - Wie könnt ihr es besser machen? …

5. Sammelt weitere Satzanfänge für Diskussionen. ✏️

6. Wählt ein geeignetes Thema und führt in kleinen Gruppen dazu eine Diskussion durch.

➔ Seite 90
Objekte, diskutieren

➔ Seite 120

animal
plant

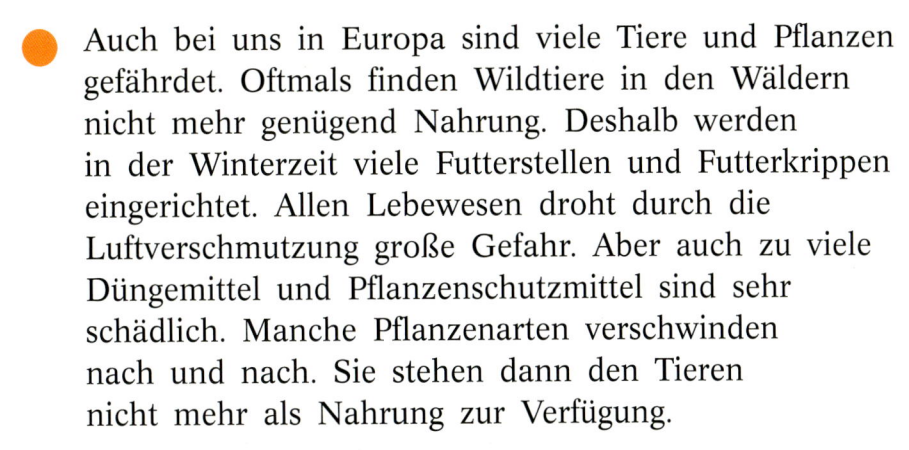

animal
plante

animale
pianta

○ Auch bei uns in Europa sind viele Tiere und Pflanzen gefährdet. Oftmals finden Wildtiere in den Wäldern nicht mehr genügend Nahrung. Deshalb werden in der Winterzeit viele Futterstellen und Futterkrippen eingerichtet. Allen Lebewesen droht durch die Luftverschmutzung große Gefahr. Aber auch zu viele Düngemittel und Pflanzenschutzmittel sind sehr schädlich. Manche Pflanzenarten verschwinden nach und nach. Sie stehen dann den Tieren nicht mehr als Nahrung zur Verfügung.

1. Welche Wörter stecken in den zusammengesetzten Nomen?
   ➯ Wildtiere – wild, die Tiere, …

2. Übe den Text als Schleichdiktat oder als Dosendiktat.

Abgase
Streusalz
Altöl
Müll

schaden   wem?
schadet

3. Bilde Sätze mit der Wem-Ergänzung. Unterstreiche.

4. Überlegt, was ihr tun könnt.

am nächsten	Wärme	ernähren
fällen	Gewächs	Sträucher
schädlich	säubern	Abfälle
gefährlich	täglich	aufräumen

5. ➯ am nächsten – nah, die Wärme – …

Seite 82   Seite 104–107   Seite 120
zusammengesetzte Nomen, Objekte, Wörter mit a/ä und au/äu, Übungstext

41

Erst, wenn der letzte Baum gerodet,
der letzte Fluss vergiftet,
der letzte Fisch gefangen,
werdet ihr feststellen,
dass man Geld nicht essen kann.

Weisheit der Cree-Indianer

Ich lege mein Ohr
an den Ahorn,
fast hör ich
es schlagen,
sein Herz.

Josef Guggenmos

Dieser Baum ist knorrig,
weil er alt ist.
Er ist verzweigt,
weil er viel erlebt hat.
Er ist nicht schön,
aber in seinen Zweigen
ist ein Nest.

Klaus Kordon

1. Lies die Gedichte. Welches gefällt dir besonders gut?
2. Wähle ein Gedicht aus und schreibe es auf ein Schmuckblatt.

   ODER Schreibe selbst ein Gedicht über Pflanzen oder Tiere.

Viel mehr Menschen müssten weniger Auto fahren. Sie sollten öfter das Fahrrad nehmen.

Wenn wir nicht mithelfen, die Luft sauber zu halten, wird es sehr schlimm mit dem Waldsterben.

3. Was denkt ihr über das Waldsterben? Diskutiert.
4. Gestaltet ein Plakat über das Waldsterben.

   ODER Schreibt einen Beitrag für die Klassenzeitung oder die Homepage eurer Schule.

Seite 82 – 85   Seite 100
ein Gedicht schreiben und gestalten, diskutieren, einen Sachtext schreiben

Mit **weil** kann man Sätze verbinden.

Hunde an die Leine!

Mit Fahrrädern nur auf befestigten Wegen fahren!

Reiten verboten!

Das Abreißen von Pflanzen ist streng untersagt!

Keine Abfälle wegwerfen!

Rauchen verboten!

1. Müssen Verbote im Wald sein?
2. Begründe alle Sätze mit einem weil-Satz.
   ✏ Hunde dürfen im Wald nicht frei laufen, weil ...

● Ganz in der Nähe der Schule ist ein Wald. Dort treffen sich die Kinder mit dem Förster. Er erklärt ihnen, wie wichtig eine gesunde Umwelt für die Tiere und die Natur ist. Die Kinder überlegen, was sie im nächsten Frühjahr tun können:
   - den Wald säubern,
   - neue Nistkästen anbringen,
   - alte Nistkästen reparieren,
   - eine Baumpatenschaft für einen Baum auf ihrem Spielplatz übernehmen,
   - diesen Baum bei starker Trockenheit gießen.

3. Was werden die Kinder im nächsten Frühjahr tun? Verwende die Zukunftsform (Futur).
   ✏ Sie <u>werden</u> den Wald <u>säubern</u>.

●
gefährlich genügend nahe näher am nächsten schädlich	der Baum die Bäume der Elefant der Wal die Schildkröte das Futter die Krippe die Nahrung der Abfall die Verschmutzung die Gefahr die Nähe die Stelle	sehr fällen fressen sie frisst er fraß gießen herstellen säubern schaden übernehmen wachsen

Seite 118
Aufforderungen, Konjunktion weil, Zeitform Zukunft, Übungswörter

Viva la musica!

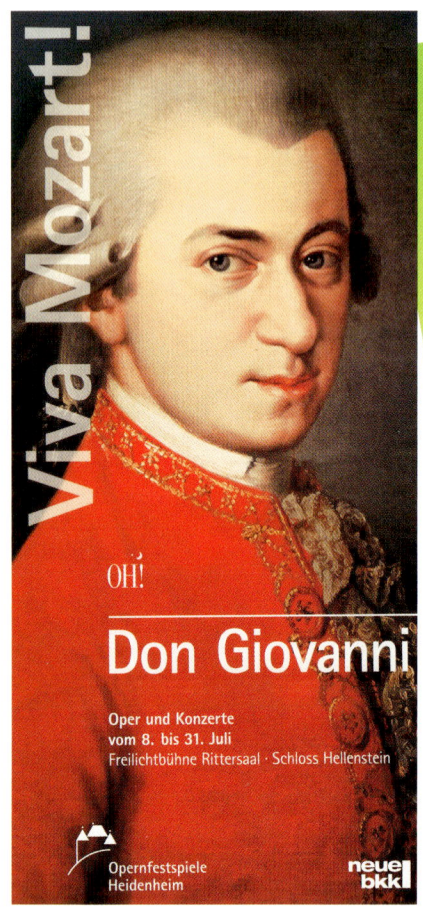

1. Schau dir die Plakate an.
   Wähle ein Plakat aus und erläutere es.

2. Was bezwecken Plakate? Sprecht darüber.

3. Es gibt verschiedene Musikrichtungen (Klassik, Pop, Volksmusik, ...). Finde etwas über eine dieser Musikrichtungen heraus und berichte.

   ODER   Stelle Musiker einer Musikrichtung vor.

4. Erfindet und gestaltet ein Plakat für eine Musikveranstaltung.
   Welche Informationen muss es enthalten?

Seite 90

44   erläutern und erklären, Informationen sammeln und präsentieren, ein Plakat gestalten

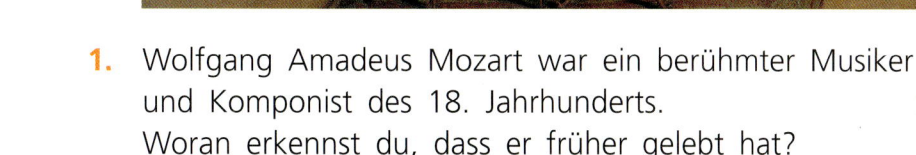

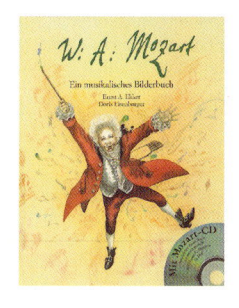

1. Wolfgang Amadeus Mozart war ein berühmter Musiker und Komponist des 18. Jahrhunderts.
Woran erkennst du, dass er früher gelebt hat?

piano

pianforte

piano

Wolfgang Amadeus Mozart wurde 1756 in Salzburg geboren. Schon mit vier Jahren gab ihm sein Vater Klavierunterricht, weil er die besondere Begabung seines Sohnes erkannt hatte. Wolfgang erhielt aber nicht nur Klavierunterricht, sondern lernte auch noch Violine. Beim Klavierspiel musste er sich mehrere Kissen auf den Hocker legen, um überhaupt an die Tasten zu reichen. Mit fünf Jahren komponierte der kleine Mozart seine ersten Stücke. Der Vater notierte die Noten. Er wollte, dass sein Sohn Wolferl und seine Tochter Nannerl berühmt werden. Deshalb ging er mit ihnen auf Konzertreisen in andere Städte und Länder. Dort durften sie sogar Fürsten ihre Kunst vorstellen. Wolfgang machten diese Konzerte Spaß, denn er bekam viele Geschenke.

2. Was erfährst du über den kleinen Wolfgang Amadeus Mozart? Schreibe Stichwörter auf und berichte.

3. Sammelt Bücher, CDs, Plakate und Weiteres für eine Ausstellung zu Mozart.

Stück
Beifall
Geschenk
Tuch
Konzert
freute sich
gefiel

● Einmal gab Mozart als ganz kleiner Junge ein ▪ in Wien. Der Kaiser ließ sich einen Spaß einfallen und legte ein ▪ über die Klaviertasten. Aber Mozart spielte in aller Ruhe sein ▪ zu Ende. Der Hofstaat des Kaisers klatschte stürmisch ▪. Auch dem Kaiser ▪ der fröhliche kleine Mozart sehr. Er machte ihm ein schönes ▪. Mozart ▪ darüber und lächelte den Kaiser an.

1. Schreibe den Text ab und ergänze die fehlenden Wörter.

2. Übt den Text als Partnerdiktat.

1. Fall: Wer / was?

2. Fall: Wessen?

3. Fall: Wem?

4. Fall: Wen / was?

● dem Kaiser   der Kaiser   den Kaiser   des Kaisers

Wer machte sich einen Spaß?
Wessen Hofstaat klatschte Beifall?
Wem gefiel der kleine Mozart?
Wen lächelte Mozart an?

3. Stelle die Fragen und suche die passenden Antworten.

4. Stelle weitere Fragen zum Text und beantworte sie.
   Wen/was gab Mozart? ein Konzert (4. Fall)

● dem Vater   des Kindes   den Hofdamen   die Noten

5. Bilde mit diesen Wortkarten Sätze.

6. Unterstreicht das Nomen mit seinem Artikel. Stellt nun die Frage nach dem Fall und schreibt ihn hinter den Satz.

➜ Seite 112
Übungstext, Nomen: vier Fälle

opera

opera

ópera

● Kennst du **die Oper „Die Zauberflöte"**?

Die lustigste Figur ist **der Vogelfänger Papageno**.
Eines Nachts begegnet er **einem Prinzen**.
Diesen Prinzen hätte beinahe eine Schlange getötet.
Papageno brüstet sich damit, dass er **die Schlange**
getötet habe. Das stimmt nicht, aber **der Prinz**
glaubt ihm zunächst. Zur Strafe
hängt **die Königin** der Nacht
dem Lügner ein Schloss
vor **den Mund**. Später bekommt
Papageno **ein Glockenspiel**
geschenkt. Die Musik
Papagenos lässt die
hübsche Papagena erscheinen.
Auch der Prinz kann mit der
Zauberflöte **eine schöne**
Prinzessin herbeizaubern.
Am Schluss der Oper
sind **alle** glücklich vereint.

1. In welchem Fall steht das Nomen
in den fett gedruckten Wortgruppen?
Frage mit dem richtigen Fragewort
und trage die Wortgruppen in eine Tabelle ein.

Wer/was?	Wessen?	Wem?	Wen/was?
…	…	…	die Oper

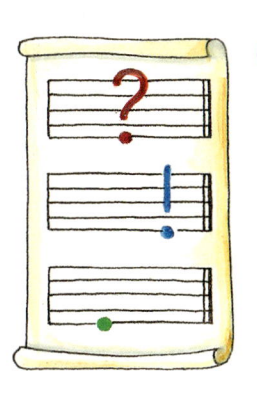

● „Haben Sie schon den kleinen Mozart gesehen ■"
„Kommt her, das müsst ihr hören ■"
„Spiel doch noch ein Stück auf dem Klavier vor ■"
„Mozart hat noch eine Schwester, das Nannerl ■"
„Spielt die auch so gut ■"
„Ja, das Nannerl ist auch eine gute Pianistin ■"
„Sie wird auch vom Vater unterrichtet ■"
„Seht, der Kaiser ist begeistert ■"
„Besucht uns bald wieder ■"

2. Schreibe ab und ergänze die richtigen Satzzeichen.

➥ Seite 112 und 118
Nomen: vier Fälle, Aussage-, Frage- und Aufforderungssätze

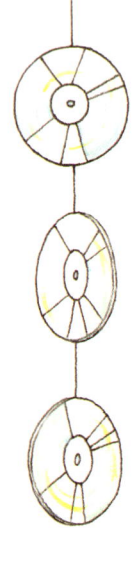

Lieber Lorenz,

im Museum war es sehr interessant. Man konnte von steinalten bis zu hochmodernen Instrumenten alles sehen. In einer Vitrine lag eine faustgroße Schneckenmuschel. Der Museumsführer blies in diese „Trompete" hinein. Der Krach war ohrenbetäubend. Dann entdeckten wir einen hohlen Knochen. Der war aber in Wirklichkeit eine winzige Flöte aus der Urzeit.
In der nächsten Abteilung hingen zur Dekoration blitzblanke CDs von der Decke. Hier standen Grammofone mit riesengroßen Schalltrichtern. Zum Schluss sahen wir uns ein Video über die Herstellung von CDs an. Das war ein supertoller Nachmittag!

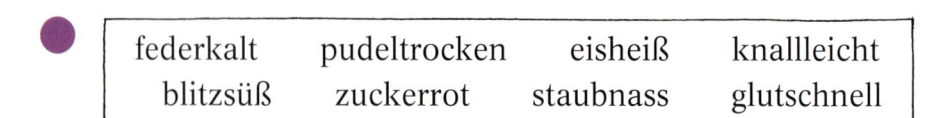

Viele Grüße
Deine Jenni

1. Sucht die zusammengesetzten Adjektive aus dem Text und erklärt sie:
   „steinalt – so alt wie ein Stein"
   „hochmodern – … "

| federkalt | pudeltrocken | eisheiß | knallleicht |
| blitzsüß | zuckerrot | staubnass | glutschnell |

2. Hier stimmt etwas nicht. Setze richtig zusammen.

3. Suche weitere zusammengesetzte Adjektive.

   ODER Stelle ein ähnliches Rätsel mit vertauschten Adjektiven her.

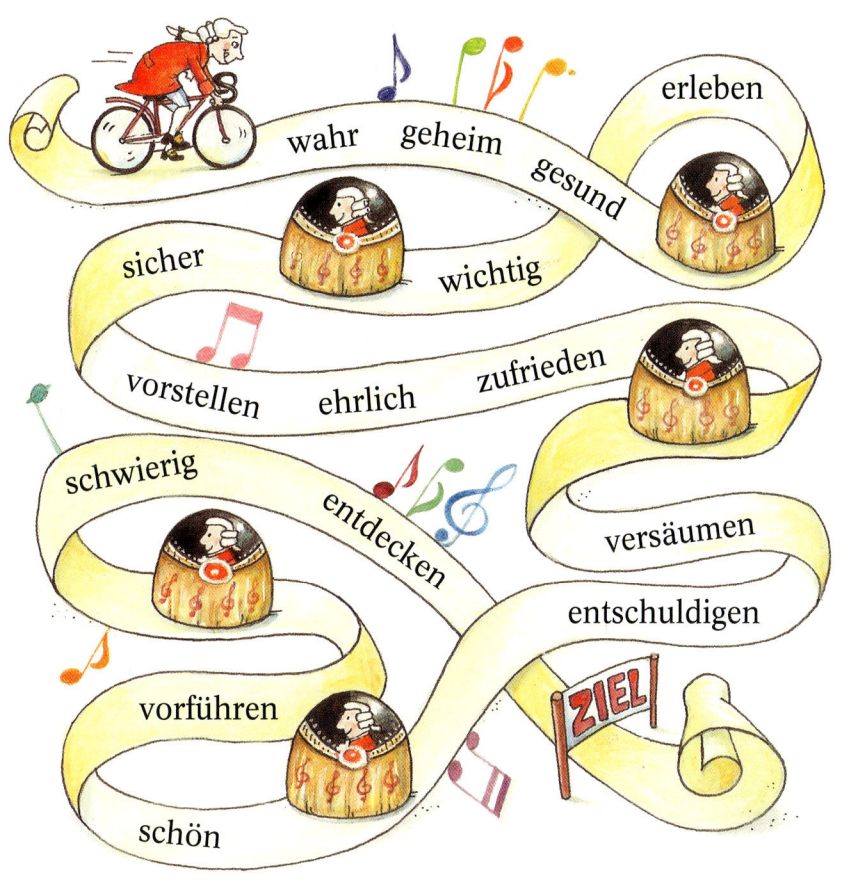

Wörter auf dem Pfad: wahr, geheim, gesund, erleben, sicher, wichtig, vorstellen, ehrlich, zufrieden, schwierig, entdecken, versäumen, entschuldigen, vorführen, schön

ZIEL

heit
keit
ung
nis

1. Spielt **Schnapp dir die Mozartkugeln**.
   - Würfle und nenne zu dem Wort ein passendes Nomen.
   - Auf einem Feld mit einer Mozartkugel darfst du noch einmal würfeln.

2. Bilde Wortpaare.
   ✏ wahr – die Wahr<u>heit</u>, …

3. Findest du noch weitere Wortpaare? ✏

---

erleben
unterrichten
vorführen

ehrlich   geheim
schwierig   sicher
wahr   wichtig
tief   zufrieden

der Kaiser   das Geschenk
das Klavier   das Stück
das Konzert   die Vorführung
das Geheimnis   die Entdeckung
die Gesundheit   die Schönheit
die Sicherheit

➜ Seite 106 und 108
Nomen mit -ung, -heit, -keit, -nis, Wortfamilien, Übungswörter

Schrift und Schreiben

Steintafel mit Hieroglyphen

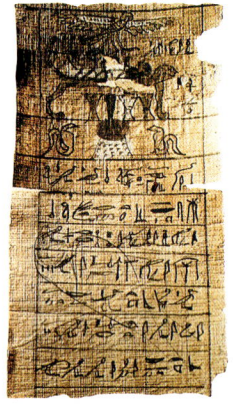

Papyrusrolle

Wachsschreibtafel

industriell gefertigtes Papier

Büttenpapier mit Federkiel

to write

écrire

escribir

1. Nicht immer schreiben die Menschen auf Papier, nicht immer schrieben sie mit Stiften oder mit dem Computer. Sprecht darüber.

2. Versucht, auf Stein und Ziegel zu schreiben. Berichtet über eure Erfahrungen.

3. Was interessiert euch am Thema **Papier, Schrift und Schreiben** noch?
   - Sammelt Fragen.
   - Informiert euch in Büchern und im Internet.
   - Stellt eure Ergebnisse in der Klasse oder in der Parallelklasse vor.

Seite 90
berichten, Informationen sammeln und präsentieren

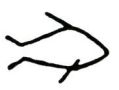

Die Menschen im Zweistromland (Irak) ritzten mit Holzstäbchen Bilder für Menschen, Tiere und Dinge in weiche Tontäfelchen. Später stempelten sie die Bilder mit einem dreieckigen Stäbchen. Die Abdrücke sahen aus wie kleine Keile. Diese Schrift nennt man deshalb Keilschrift.

Im Reich der Pharaonen am Nil (Ägypten) malten die Schreiber Bilder von Tieren, Pflanzen, Menschen und Dingen an die Tempelwände. Man nannte diese Bilder Hieroglyphen, das heißt heilige Zeichen. Man malte diese Zeichen auch auf Blätter, die aus der Papyrusstaude hergestellt wurden. Daher kommt unser Wort Papier.

Seefahrer aus Phönizien (Libanon) schrieben für jeden Konsonanten eines Wortes ein eigenes Zeichen auf, eben einen Buchstaben. Die Vokale musste man sich hinzudenken. Die Griechen schrieben dann für die Vokale Buchstaben hinzu.

Die Römer übernahmen viele Buchstaben von den Griechen. Von ihnen haben wir unser heutiges Alphabet. Deswegen nennt man unsere Buchstaben lateinische Buchstaben. Johannes Gutenberg aus Mainz erfand die beweglichen Buchstaben. Nun konnte man einen Text mit den Buchstaben setzen und mit Pressen auf Papier drucken. Heute schreiben wir mit dem Computer und drucken einen Text mit dem Laserdrucker aus.

1. Verteilt die vier Abschnitte an Gruppen.
   Schreibt zu eurem Abschnitt Stichwörter auf.
   Erklärt den anderen, wie sich die Schrift entwickelt hat.

● Wer hat unsere Schrift erfunden?

Lange Zeit gab es keine Schrift. Die Menschen konnten miteinander sprechen, aber nicht schreiben. Zuerst gab es auch keine Buchstaben, sondern einfache Bilder für den Wald oder das Meer, für Fische und Kühe, für Berge und Straßen. Erst vor ungefähr 4000 Jahren erfanden Seeleute und Kaufleute am Mittelmeer die Buchstaben für Laute. Zuerst schrieb man nur die Konsonanten auf. Die Vokale musste man selbst ergänzen. Erst später wurden die Vokale hinzugesetzt. Jetzt konnte man jedes Wort, das man sprach, vollständig aufschreiben und lesen.

Knnst d dsn Stz lsn? Schrb slbst Wrtr nd Stz hn Vkl f.

1. Übe diesen Text als Schleichdiktat.

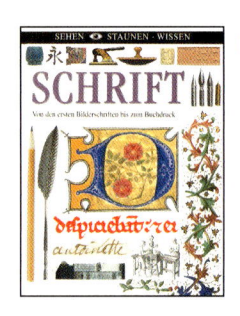

● In anderen Ländern und Kulturkreisen entwickelten sich andere Schriftzeichen, zum Beispiel:

日
猫
車
木
犬

2. Sammelt weitere Beispiele. Forscht dazu in Büchern und im Internet.

●

Aus welchem Land stammen die Hieroglyphen?

Womit wurde die Keilschrift geschrieben?

Wer hat den Buchdruck erfunden?

Für welche Laute hatten die Phönizier Buchstaben?

Johannes Gutenberg erfand bewegliche Buchstaben.

3. Stellt ein Quiz zum Thema **Schrift und Schreiben** her.

Seite 90   Seite 118
Übungstext, Informationen sammeln, ein Quiz erstellen

Es gibt doch genug Papier!

1. Was haltet ihr von Davids Meinung?
   Was könnte Lena sagen? Diskutiert darüber.

2. Lena möchte David von ihrer Meinung überzeugen.
   Schreibt ihre Argumente auf.

Wie viel Papier wird verbraucht?

Warum sammeln wir Altpapier?

Was passiert mit unserem Altpapier?

In Deutschland werden im Jahr etwa 16 Millionen Tonnen Papier verbraucht. Das ist ein ganzes Gebirge aus Papier. Früher wurde das gebrauchte Papier verbrannt oder kam mit dem Hausmüll auf eine Deponie. Dafür ist es aber zu wertvoll. Aus dem alten Papier kann nämlich wieder neues Papier hergestellt werden. Daher sammeln wir heute unser Altpapier.

In der Papierfabrik wird das Papier recycelt. Mit dem Begriff **Recycling** ist ein Kreislauf gemeint: Zuerst wird in der Papierfabrik Papier hergestellt. Wir benutzen das Papier und bringen es dann in einen Altpapier-Container. Das gesammelte Altpapier wird in die Papierfabrik transportiert. Dort wird es für die Herstellung von Umweltschutzpapier verwendet.

3. Lies die Fragen in den Sprechblasen. Lies dann den Text. Beantworte nun die Fragen in den Sprechblasen.

4. Kennt ihr noch andere Materialien, die recycelt werden? Informiert euch in eurer Stadt oder Gemeinde.

Papier schöpfen

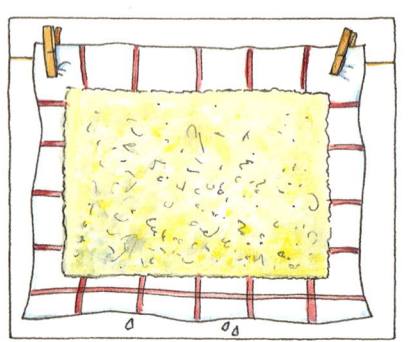

Papierbrei herstellen

Arbeitsgeräte bereit stellen

Schöpfrahmen senkrecht eintauchen und waagerecht herausheben

Rahmen auf ein Tuch stürzen

zum Trocknen aufhängen

1. Schau dir die Bilder an. Was brauchst du?
   Was musst du nacheinander tun?

2. Probiert selbst aus, Papier auf diese Weise herzustellen.

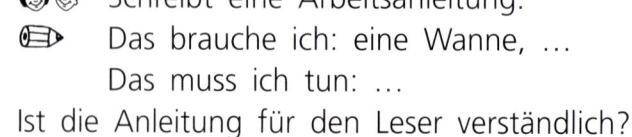

3. Schreibt eine Arbeitsanleitung.
   Das brauche ich: eine Wanne, …
   Das muss ich tun: …
   Ist die Anleitung für den Leser verständlich?

4. Überlegt, wofür ihr das selbst geschöpfte Papier verwenden könnt, zum Beispiel für ein Gedicht, … .

Seite 100
eine Handlungsanleitung schreiben

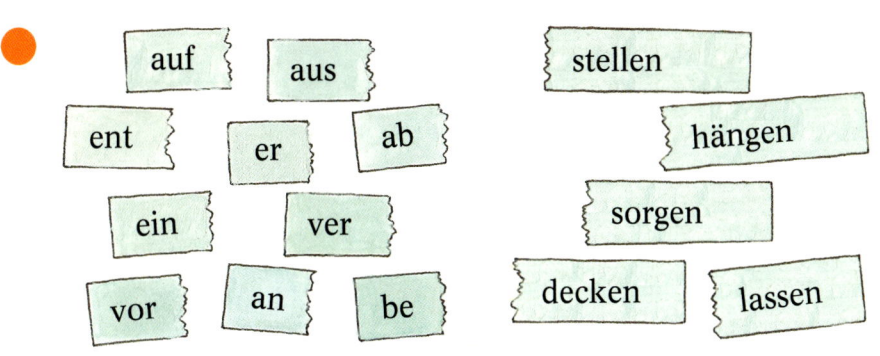

● auf · aus · ent · er · ab · ein · ver · vor · an · be · stellen · hängen · sorgen · decken · lassen

1. Welche Wortbausteine passen zu den Verben?
   ✏ aufstellen, herstellen, …
2. Sammelt weitere Verben mit diesen Wortbausteinen. ✏
   ODER Sammelt Nomen mit diesen Wortbausteinen. ✏

ent
-sorgen
-schließen
-werfen
-scheiden
-wickeln
-lassen
-nehmen

● entdecken · entschuldigen · der Entwurf · … · der Entschluss · …

3. Suche zu jedem Verb mit ent ein verwandtes Nomen.
   ✏ entdecken – der Entdecker, …
4. Stelle ein Merkspiel zu Wortfamilien her.

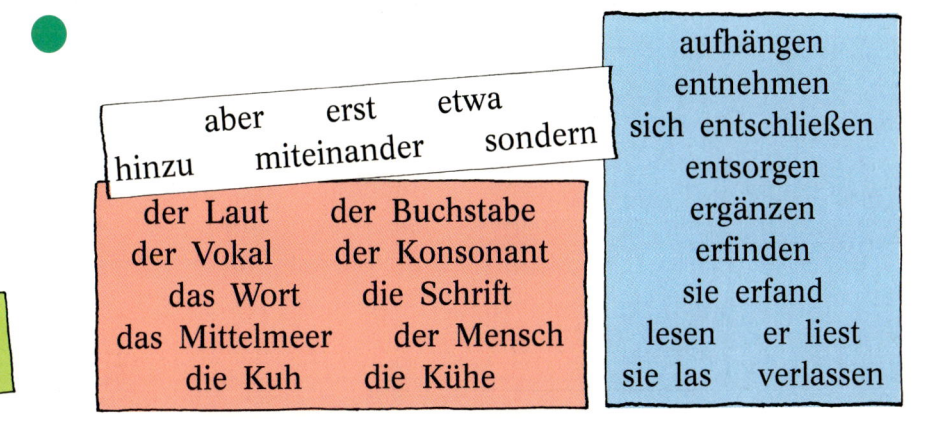

● aber   erst   etwa
hinzu   miteinander   sondern

der Laut   der Buchstabe
der Vokal   der Konsonant
das Wort   die Schrift
das Mittelmeer   der Mensch
die Kuh   die Kühe

aufhängen
entnehmen
sich entschließen
entsorgen
ergänzen
erfinden
sie erfand
lesen   er liest
sie las   verlassen

ungefähr
vollständig

→ Seite 106   → Seite 114
Nomen und Verben mit vorangestellten Wortbausteinen, Übungswörter

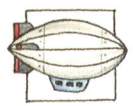

Fliegen – hoch und höher

Der Traum vom Fliegen ist alt. Lange Zeit dachte man, man müsse einfach nur den Vogelflug nachahmen. Viele furchtlose Männer bauten sich daher Flügel und schwangen sich von Türmen und Felsspitzen aus in die Luft.
So auch der Schneider von Ulm, der eigentlich Albrecht Ludwig Berblinger hieß. Er war besessen von dem Traum zu fliegen.
Am 4. Juli 1811 erschien im Ulmer Tageblatt folgender Bericht:

Ulmer Tageblatt
Zeitung für Ulmer in Ulm und um Ulm herum

Flugversuch gescheitert

Ulm, den 4. Juli 1811

Vor den Augen seiner Majestät, des Königs von Württemberg, versuchte gestern der hiesige Schneider Albrecht Berblinger mit seiner selbst gefertigten Flugmaschine die Donau zu überfliegen. Fast das ganze Volk von Ulm verfolgte die Vorführung an der Adlerbastei mit großer Aufmerksamkeit.
Gegen halb fünf sprang Berblinger mit seinen riesigen Flügeln in die Luft, schwebte auch wahrhaftig einige Augenblicke über der Donau. Als schon alles Volk klatschte und mit Tüchern winkte, hörte man ein lautes Rattern und Krachen. Die Flügel waren zerbrochen, und Berblinger stürzte in die Wasser der Donau. Zum Glück retteten einige beherzte Fischer den armen Schneider und zogen ihn aus den Fluten heraus.

1. Lies den Zeitungsbericht. Was erfährst du?
2. Informiere dich in Sachbüchern über den Flugversuch des Schneiders.

   ODER Informiere dich über andere Flugversuche im 20. Jahrhundert.
3. Berichte in der Klasse.

Seite 90
Informationen entnehmen und sammeln, berichten

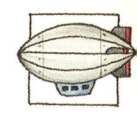

● Ein Augenzeuge berichtet:

> Ich bin gestern an der Donau gewesen. Der Schneider Berblinger hat versucht, mit seiner Flugmaschine über die Donau zu fliegen. Er hat sich auf eine Rampe gestellt. Ich glaube, er ist etwas aufgeregt gewesen, denn er ist immer hin und her gehüpft. Dann ist er endlich gesprungen. Mir ist das Herz in die Hose gerutscht. Erst habe ich gedacht, er fliegt wirklich. Aber dann …

> Wenn du über Vergangenes sprichst, benutzt du häufig die **2. Vergangenheitsform** (Perfekt). Du brauchst dazu die Verben **haben** oder **sein**.

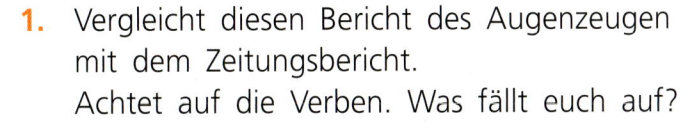

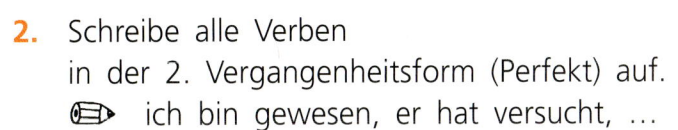

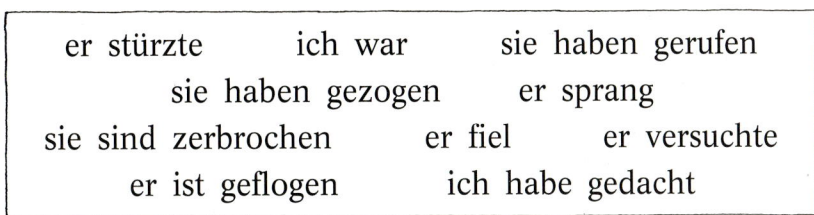

1. Vergleicht diesen Bericht des Augenzeugen mit dem Zeitungsbericht. Achtet auf die Verben. Was fällt euch auf?

2. Schreibe alle Verben in der 2. Vergangenheitsform (Perfekt) auf.
✏ ich bin gewesen, er hat versucht, …

3. Wie geht der Bericht weiter? Verwendet dazu die 2. Vergangenheitsform (Perfekt).

🇬🇧 to fly
🇫🇷 voler
🇮🇹 volare
🇹🇷 uçmak

●
er stürzte	ich war	sie haben gerufen
sie haben gezogen		er sprang
sie sind zerbrochen	er fiel	er versuchte
er ist geflogen		ich habe gedacht

4. Ordne zu und ergänze mit der Wörterliste oder mit deinem Wörterbuch.

✏
1. Vergangenheitsform (Präteritum) (Zeitung)	2. Vergangenheitsform (Perfekt) (Augenzeuge)
er flog	er ist geflogen

5. Suche verwandte Wörter zum Wortstamm `flieg`.
✏ der Flug, …

→ Seite 86   → Seite 114
Verben in der 1. und 2. Vergangenheitsform, Wortfamilie „fliegen"

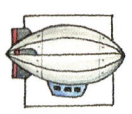

sehen
bestaunen
beobachten
blinzeln
betrachten
glotzen
starren
gucken
besichtigen
zuschauen

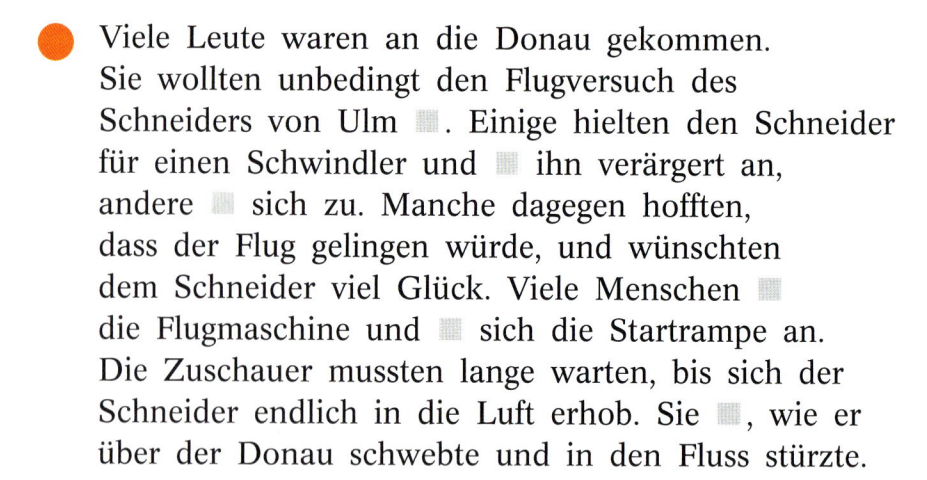

● Viele Leute waren an die Donau gekommen. Sie wollten unbedingt den Flugversuch des Schneiders von Ulm ▪. Einige hielten den Schneider für einen Schwindler und ▪ ihn verärgert an, andere ▪ sich zu. Manche dagegen hofften, dass der Flug gelingen würde, und wünschten dem Schneider viel Glück. Viele Menschen ▪ die Flugmaschine und ▪ sich die Startrampe an. Die Zuschauer mussten lange warten, bis sich der Schneider endlich in die Luft erhob. Sie ▪, wie er über der Donau schwebte und in den Fluss stürzte.

1. Welche Verben passen? Probiere es aus.
2. Schreibe den Text vollständig auf.

●
| der Fuß   die Nuss   der Fluss   der Schoß |
| der Strauß   der Gruß   der Kuss |
| der Spaß   das Schloss   das Fass   die Soße |
| die Straße   der Schlüssel   der Pass |

3. Sprich die Wörter und achte auf die Vokale. Was fällt dir auf?
4. Ordne die Wörter nach langem und kurzem Vokal.
   lang: der Fu_ß, …   kurz: die Nuss, …

● essen   lassen   vergessen
  er isst   sie lässt   er vergisst
  aber: sie a_ß   aber: er lie_ß   aber: sie verga_ß

5. Sprich und schreibe die Wortpaare.
   essen – er isst, essen – sie aß, …
6. Suche in der Wörterliste weitere Verben, die ihren Wortstamm verändern können.
   fliegen – er fliegt, er flog, …

Seite 86   Seite 102   Seite 114
Wortfeld „sehen", Übungstext, Wörter mit ss und ß, unregelmäßige Verben

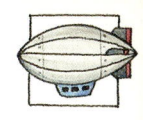

● Bis vor etwa 100 Jahren waren Ballons und Luftschiffe die einzigen Flugmaschinen. Anders aber als die Ballone, die vollkommen vom Wind abhängig waren, waren die Luftschiffe steuerbar.

Ab 1900 gelang dem Deutschen Graf Ferdinand von Zeppelin der Durchbruch beim Bau dieser Ungetüme. Nach ihm wurden alle Luftschiffe dieser Bauart benannt. Das größte jemals gebaute Luftschiff war das LZ 129 Hindenburg (LZ steht für **L**uftschiff **Z**eppelin). Es hatte einen Durchmesser von 41 Metern und war 245 Meter lang.

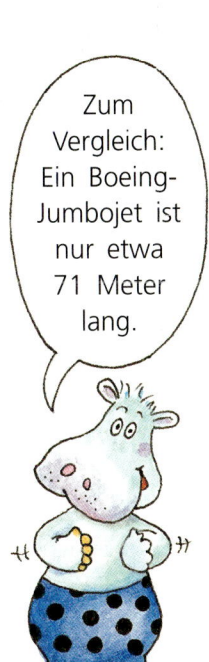

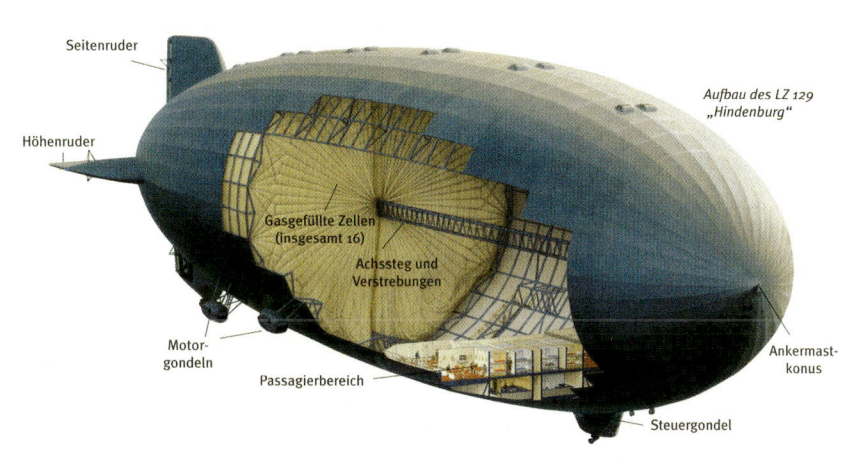

Zum Vergleich: Ein Boeing-Jumbojet ist nur etwa 71 Meter lang.

Aufbau des LZ 129 „Hindenburg"

Seitenruder
Höhenruder
Gasgefüllte Zellen (insgesamt 16)
Achssteg und Verstrebungen
Motorgondeln
Passagierbereich
Steuergondel
Ankermastkonus

Das LZ 129 war ein Starrluftschiff. „Starr" bedeutet, dass ein festes Gitterwerk aus leichtem Aluminium die äußere Form bestimmte. Darüber wurde eine Stoffhülle gespannt. Seitlich an der Hülle wurden die Motoren befestigt. Innerhalb der Hülle befanden sich die Kabinen für die Passagiere und die Räume für die Besatzung.

Die Hindenburg wurde 1937 bei einem Unglück zerstört. Damit endete die Zeit der großen Luftschiffe.

1. Versuche, das Wichtigste dieses Textes wiederzugeben.
 • Lies den Text zunächst still für dich durch.
 • Schreibe einen Stichwortzettel.
 • Berichte anhand deines Stichwortzettels.

 ODER Schreibe eine kurze Zusammenfassung.

➜ Seite 98
einen Text zusammenfassen und wiedergeben

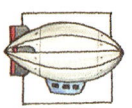

● Die Fahrt des ersten Zeppelin LZ 1 am 02.07.1900

Endlich ist es so weit!
Von allen Seiten sind Tausende von Zuschauern an den Bodensee gekommen.
Hier ist jeder gespannt, ob der Start gelingen wird.
Das Wetter ist ausgesprochen gut. Und da kommt der Zeppelin auch schon aus der Halle heraus. Schon drehen sich die Propeller. Ich sehe, wie die Taue gekappt werden, und jetzt, ja, wirklich, jetzt beginnt er zu steigen. Er steigt hoch und höher. Dort drüben winken die Leute mit Tüchern. Das ist doch unglaublich! Jetzt fliegt er mit lautem Geknatter über den See. Der Start ist geglückt. Was für ein Ereignis! Herzlichen Glückwunsch dem Grafen und seiner Mannschaft!

1. Spielt den Reporter oder die Reporterin.

2. Nehmt eure Reportagen auf und hört sie euch nochmals an. Vergleicht eure Reportagen. Macht Vorschläge, wie man spannend berichten kann.

3. Schreibe einen Zeitungsbericht über den Start des LZ 1.

↪ Seite 82–85 und 92   ↪ Seite 96
eine Reportage planen und durchführen, einen Bericht schreiben

Zeppeline waren riesige Ungetüme.
Das LZ 129 Hindenburg war 245 Meter lang.
Das ist so lang wie 14 Brummis.
Auch der Durchmesser des Zeppelins war enorm.
Er betrug 41 Meter. Zum Vergleich: Die Freiheitsstatue in New York ist etwa genauso hoch.
Und schwer waren die Zeppeline auch.
Das LZ 129 wog 200.000 Kilogramm.
Das ist so viel wie das Gewicht von 27 Elefanten.

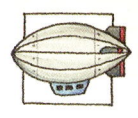

Mit Adjektiven kann man vergleichen.

1. Ergänze die Tabelle und suche weitere Adjektive.

Grundstufe	1. Vergleichsstufe	2. Vergleichsstufe
so lang wie	länger als	am längsten
so hoch wie	…	…
so schwer wie	…	…
so viel wie	…	…

herein
herunter
hervor

viel
mehr
am meisten
riesig

staunen
schauen   zuschauen
gucken   beobachten
stürzen   er stürzte
sie ist gestürzt
zerbrechen   er zerbrach
sie hat zerbrochen

der Flug   der Flügel
das Flugzeug
das Luftschiff
die Maschine
der Traum
der Zuschauer
der Schlüssel
das Schloss   der Kuss

Seite 116
Vergleichsstufen von Adjektiven, Übungswörter

Eulenspiegeleien

Eulenspiegel stand bei einem Kaufmann im Dienst. Eines Tages sagte der Kaufmann: „Till, richte den Wagen und schmiere ihn gut, morgen musst du den Pfarrer und mich nach Goslar fahren!" In der Nacht rieb Till den ganzen Wagen außen und innen und besonders die Sitze und Lehnen mit Wagenschmiere ein. Nur sein Sitzbrett sparte er aus. Früh in der Dämmerung spannte Till die Pferde ein. Der Kaufmann und der Pfarrer nahmen Platz. Nach einer Weile sagte der Pfarrer: „Zum Kuckuck, was ist denn hier so fettig? Überall, wo ich hinlange, ist es schmierig."

1. Was wollte der Kaufmann? Was machte Till?

2. Erzähle die Geschichte als Till und führe sie zu Ende.
   Einmal stand ich bei einem geizigen …

Morgen früh räumst du mir das Haus, ich will dich nicht mehr länger hier haben.

Siehst du das Haus dort mit den hohen Fenstern? Dort geh hinein, ich komme gleich nach.

3. Erzählt die beiden Eulenspiegelgeschichten. Verstärkt eure Erzählungen durch Bewegungen und euren Gesichtsausdruck.

1. Was hat der Meister wohl zu Till gesagt?

Tank den Wagen voll!

Zieh die Mutter an!

Knöpf das Futter in den Mantel!

Iss den Teller auf!

Kratz die Kurve!

Halt die Klappe!

2. Was meint der Meister? Was wird Till wohl machen?

3. Wählt in Gruppen einen Auftrag aus und erzählt dazu eine Geschichte.

4. Erzähle als Eulenspiegel selbst.
   ✏ Als ich einmal wieder in diese Gegend kam, …

   ODER Erzähle über Eulenspiegel.
   ✏ Eulenspiegel kam einmal zu …

Sie schmiert ihr Honig um das Maul.

Sie bindet ihm einen Bären auf.

Er nimmt ihn auf den Arm.

5. Erkläre die Redensarten.
6. Sammle weitere Redensarten und male Bilder dazu. ✏

kommen
finden
beschließen
ergeben
wollen
fangen
nähen
verkleiden
verkaufen
wollen
springen
schreien
lachen

● Als Eulenspiegel einmal im Winter nach Leipzig ▨,
▨ er bei keinem Pelzhändler Arbeit.
So ▨ er, diese Händler zu ärgern.
Bald ▨ sich auch eine Gelegenheit dazu,
denn die Händler ▨ ein Hasenessen machen.
Eulenspiegel ▨ eine Katze
und ▨ das wild zappelnde Tier in ein Hasenfell.
Till ▨ sich und ▨ diesen Hasen
an einen Pelzhändler.
Dieser ▨ zum Spaß den Hasen noch
von seinen Hund jagen lassen. Der Hase
aber ▨ auf einen Baum und ▨ „miau".
Da ▨ alle den Händler aus.

1. Ergänze die Verben in der 1. Vergangenheitsform
   (Präteritum) und schreibe den Text auf.
   ✏ Als Eulenspiegel einmal …

2. Der Pelzhändler erzählt am Abend, was ihm passiert ist.
   (ODER) Till Eulenspiegel erzählt von seinem Streich.

● Till spielte den Händlern einen 🤡.

Sie gaben ihm keine 🤡.

Die Katze zappelte 🤡 herum.

Sie wollte sich nicht in ein 🤡 einnähen lassen.

3. Ersetze die fehlenden Wörter
   und verbinde die beiden Sätze mit **denn**. ✏

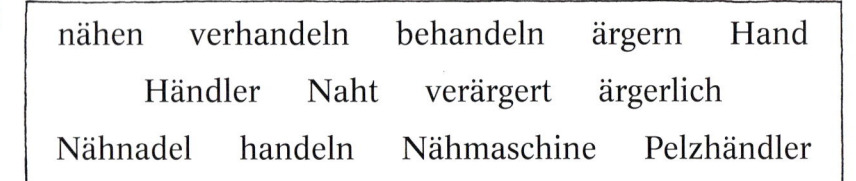

●
| nähen   verhandeln   behandeln   ärgern   Hand |
| Händler   Naht   verärgert   ärgerlich |
| Nähnadel   handeln   Nähmaschine   Pelzhändler |

4. Ordne nach Wortstämmen. ✏

→ Seite 82   → Seite 104   → Seite 114 und 118
1. und 2. Vergangenheitsform, Übungstext, Konjunktion denn, Wortfamilien

Till fragte : „Kann ich bei Ihnen arbeiten?"
Begleitsatz   wörtliche Rede

„Kann ich bei Ihnen arbeiten?", fragte Till.
wörtliche Rede   Begleitsatz

Till erklärte: „Ich habe vorher in Goslar gearbeitet."
„Ich habe vorher in Goslar gearbeitet", erklärte Till.

Der Händler rief: „Hau ab, du Narr!"
„Hau ab, du Narr!", rief der Händler.

1. Ein Kind liest den Begleitsatz, ein anderes die wörtliche Rede.

2. Wie wird der nachgestellte Begleitsatz von der wörtlichen Rede abgegrenzt? Lies die Sätze mit allen Satzzeichen.

rabbit
cat

lièvre
chat

tavşan
kedi

Der Pelzhändler überlegte: „Ich werde mir auf dem Markt einen Hasen kaufen."
Dort fragte er: „Wer hat einen besonders fetten Hasen?"
Sofort rief Till: „Nehmen Sie diesen hier!"
Der Händler sagte: „Der ist aber kratzig und zappelig!"
Darauf meinte Till: „So einen schönen großen Hasen bekommen Sie nie wieder."
Der Pelzhändler kaufte ihn und dachte: „Na, da habe ich aber ein Schnäppchen gemacht."
Till rief ihm nach: „Viel Spaß mit Ihrem Hasen!"

3. Stelle die wörtliche Rede um.

4. Wähle einen Eulenspiegelstreich aus. Schreibe das Gespräch zwischen Till und der anderen Person auf. Verwende dabei vorangestellte und nachgestellte Begleitsätze.

Seite 122
wörtliche Rede, voran- und nachgestellter Redebegleitsatz, Redezeichen

65

Vor vielen Jahren lebte im Alten Orient ein Mann namens **Nasreddin Hodscha**. Über ihn werden viele Geschichten erzählt, die lustig sind, aber auch zum Nachdenken anregen. Nasreddin Hodscha wird auch der Eulenspiegel des Orients genannt.

Duft
des Essens,
Klang
des Geldes

Einmal kochte ein Mann vor seinem Geschäft Bohnen. Da kam ein armer Mann vorüber und konnte dem Duft nicht widerstehen. Er selbst konnte sich aber kein warmes Essen leisten. Deshalb hielt er wenigstens seinen Brotkanten in den Dampf.
Der geizige Koch wollte ihm dafür Geld abnehmen. Als Nasreddin Hodscha dieses zu Ohren kam, rief er den Koch und den Bettler zu sich.
Der Bettler musste ihm seinen Geldbeutel geben. Nasreddin Hodscha hielt dem Koch den Beutel ans Ohr. Dann ließ er die Münzen klingeln.
Der Koch rieb sich schon gierig die Hände.
Aber Nasreddin Hodscha sah ihn weise an.
Er erteilte ihm eine Lehre und sagte:
„Nun hast du bekommen, was dir zusteht."

1. Was hat Nasreddin Hodscha damit gemeint?

3. Fall:
Wem?

2. Schreibe den Text ab.

3. Stelle bei jedem Satz die Wem-Frage und die Wen-/was-Frage. Unterstreiche die Objekte und setze die Zeichen darunter.

4. Fall:
Wen/was?

Einmal kochte ein Mann vor seinem Geschäft Bohnen.

4. Spielt diese Geschichte.

Seite 120
Objekte, eine Geschichte szenisch darstellen

Mit Objekten werden deine Sätze aussagekräftiger.

● Nasreddin erzählte …

den Kindern
lustige Geschichten
den Erwachsenen
wahre Begebenheiten
seiner Frau
viele Erlebnisse
ihm
ein Lügenmärchen

1. Bilde mit den Objekten verschiedene Sätze.
   Achte auf den Punkt am Satzende.
   ➡ Nasreddin erzählte den Kindern lustige Geschichten.

2. Unterstreiche die Objekte und setze die Zeichen darunter. ✎

Manche Prädikate brauchen Objekte.

● Nasreddin erzählte den Menschen jeden Abend vor seinem Haus wundervolle Geschichten.

Die Männer und Frauen kamen deshalb aus allen Teilen der Stadt zu Nasreddins Haus.

Die neugierigen Kinder erwarteten besonders ungeduldig den schlauen Geschichtenerzähler.

Die gut gelaunten Zuhörer lachten lauthals bis in die Nacht hinein über Nasreddins Späße.

3. Schreibe die Sätze auf lange Steifen. ✎
   Zerschneide die Sätze in Satzglieder.

4. Welche Satzglieder kannst du weglassen?

5. Welche Satzglieder bleiben übrig?

schlau   wild

denn   dieser   diese

die Arbeit
der Händler
der Pelz   die Nacht
die Gelegenheit
der Streich

ärgern
nähen
schreien   sie schrie
sich verkleiden
zappeln

➡ Seite 120
Objekte, Erweiterungs- und Weglassprobe, Übungswörter

67

In der Steinzeit

Spitzhacke
Schaufel
Fundzettel
optisches Vermessungsgerät
Ausgrabungsplan
Fotoapparat
Notizbuch
Sieb
Pinsel
Körbe

1. Sprecht über die Verwendung der Werkzeuge und Geräte der Archäologen.

- den Fund langsam und vorsichtig mit kleinen Schabern und Pinseln freilegen
- den Fund genau aufzeichnen und fotografieren, dann erst aus der Erde nehmen
- vorsichtig eine Erdschicht nach der anderen entfernen

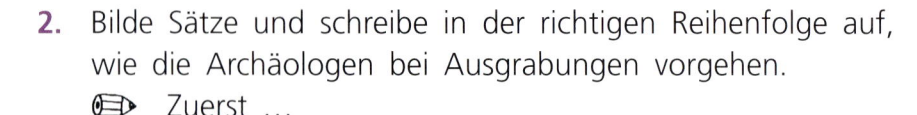

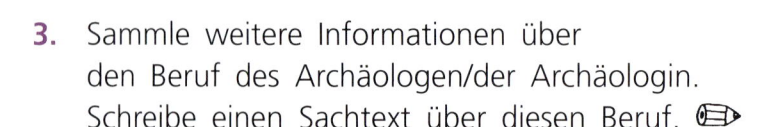

2. Bilde Sätze und schreibe in der richtigen Reihenfolge auf, wie die Archäologen bei Ausgrabungen vorgehen.
   Zuerst …

3. Sammle weitere Informationen über den Beruf des Archäologen/der Archäologin. Schreibe einen Sachtext über diesen Beruf.

4. Informiere dich über Ausgrabungen in deiner Umgebung.

Seite 90   Seite 100
berichten und erklären, einen Ablauf in der richtigen Reihenfolge festhalten

> Mit den Bindewörtern **weil, sondern, damit, dass, denn** kann man Sätze verbinden.

● Die Menschen in der Steinzeit waren immer auf der Suche nach Nahrung, ▩ sie überleben konnten. Sie sammelten Früchte, Wurzeln und Pilze und gingen auf die Jagd. Es wurden nicht nur Wildpferde und Elche, ▩ auch große Mammuts und Wollnashörner gejagt. Das war sehr gefährlich, ▩ die Steinzeitmenschen nur einfache Waffen besaßen. Die Jagd dauerte oft tagelang, ▩ das Wild war nicht leicht zu entdecken. Manchmal wurden Gruben ausgehoben und anschließend mit Zweigen bedeckt, ▩ die verfolgten Tiere bei der Treibjagd hineinstürzten. Das war eine geschickte Taktik, ▩ so konnten die Beutetiere nicht mehr fliehen und sich kaum wehren. Die Menschen mussten aber aufpassen, ▩ sie nicht selbst in eine solche Grube rutschten.

1. Füge passende Bindewörter in den Text ein.

2. Übe schwierige Wörter aus dem Text. Suche weitere Wörter mit derselben Schwierigkeit.

stone
pierre
pietra
kamen
камень

● Holz Knochen und Steine waren für die Steinzeitmenschen sehr wichtig.
  ↳ Sie konnten daraus Werkzeuge und Waffen herstellen.

Vom Feuerstein schlugen sie dünne scharfe Scheiben ab. ↔ Diese benötigten sie als Messer.

Mit Nadeln aus spitzen Knochen nähten die Menschen aus Fellen nicht nur Kleidung.
  ↳ Sie nähten auch Zelte.

3. Verbinde je zwei Sätze mit einem Bindewort. Achte auf das Komma vor dem Bindewort.
   ✏ Holz, Knochen und Steine waren für die Steinzeitmenschen sehr wichtig, <u>weil</u> …

hartes Holz
weiches Holz
Brett
Stab
Holzmehl
Gras
Laub
Qualm
blasen
Feuer
Zunder
Äste

1. Erkläre, wie die Steinzeitmenschen mit dem Feuerbohrer Feuer machten. Schreibe dazu erst eine Stichwortliste.

hartes Holz
Zunder
trockenes Gras
dürre Äste
weiches Holz

Wenn ein Blitz in einen Baum einschlug und ihn in Brand steckte, zündeten sich die Steinzeitmenschen Äste an und trugen das Feuer ins Lager. Sie achteten sorgfältig darauf, dass die Glut nicht erlöschte. Später erfanden sie Möglichkeiten, mit Feuersteinen oder einem Feuerbohrer ein Feuer selbst zu machen. Sie konnten nun ihre Nahrung über dem Feuer zubereiten, die Höhlen und Zelte erwärmen und erleuchten, spitze Speere härten und wilde Tiere von ihrem Lagerplatz verscheuchen.

2. Welche Vorteile brachte das Feuer? Schreibe Stichwörter auf.

3. Suche Wörter mit **kurzem Vokal** und **tz** und **ck** sowie die Merkwörter mit **langem Vokal** und **h** heraus. Ergänze mit der Wörterliste.

Seite 98   Seite 102 und 110
Stichwörter notieren, etwas erklären, Wörter mit tz, ck und langem Vokal und h

● Ein Archäologe erzählt:

„Unter den Steinzeitmenschen gab es bereits Künstler und Künstlerinnen. Sie schnitzten Figuren aus Horn oder Elfenbein. Auch Schmuck wurde schon hergestellt. Die Menschen haben sich das Material dazu aus der Natur geholt. So wurden bunte Steine und Schneckenhäuser gesammelt. Aber auch Nüsse, Tierzähne, Lederstücke und Federn fädelten die Menschen zu Ketten auf dünne Lederstreifen. Später hat man sogar Bernsteine für Schmuckstücke bearbeitet. Oft bemalten die Steinzeitmenschen ihre Höhlen mit Tieren und Jagdszenen. Dazu benutzten sie rote und gelbe Erde. Es wurden auch Farben aus Ruß und Pflanzensaft gemischt. Mit diesen Farben bemalten sich die Menschen gegenseitig. Besonders zu Festen wurden kunstvolle Muster auf die Haut aufgetragen."

1. Suche in jedem Satz das Prädikat.

2. Schreibe die Sätze mit zweiteiligem Prädikat heraus.
✏️ Auch Schmuck <u>wurde</u> schon <u>hergestellt</u>.

●
sie sammelten	sie haben gejagt	er übte
sie kochten	er hat geschnitzt	
sie stellten her	sie fädelten	er hat bemalt
sie haben verscheucht	er trug	
sie gruben	sie haben erlegt	es erwärmte

3. Trage die Verben in die Tabelle ein.
Ergänze die fehlenden Formen.

✏️ Grundform	1. Vergangenheitsform (Präteritum)	2. Vergangenheitsform (Perfekt)
sammeln	sie sammelten	sie haben gesammelt

↪ Seite 114 und 120
ein- und zweiteilige Prädikate, Verben in der 1. und 2. Vergangenheitsform

eine Geschichte planen

- schon später Nachmittag
- Mädchen ganz allein
- muss Feuer hüten
- Erwachsene und Kinder zur Jagd und zum Holzsammeln im Wald
- dem Mädchen wird langweilig
- hört ein Winseln
- entdeckt kleinen Fuchs
- Mädchen kämpft mit sich
- möchte zum Füchslein

1. Wie geht die Geschichte weiter? Ergänze zum zweiten Bild Stichwörter.

eine Geschichte schreiben

2. Schreibe nun deine Geschichte auf. Eine Gliederung kann dir dabei helfen.

   Einleitung: Wer? Wann? Wo?

   Hauptteil: Was geschieht nacheinander?
   Was sagen, fühlen, denken die Personen?

   Schluss: Wie soll die Geschichte enden?
   Welcher Schlusssatz passt?

   Überschrift: Macht sie neugierig?

Seite 94 – 97
eine Geschichte zu einer Bilderfolge planen und schreiben

eine Geschichte überarbeiten

🟠 … Die beiden Steinzeitkinder Aga und Algor hatten sich von der Sippe entfernt. Sie wollen Speerwerfen üben. Algor bekommt ein schlechtes Gewissen. Plötzlich hörten sie etwas in der Nähe und rannten vor Schreck weg.

1. Lies den Geschichtenausschnitt von Boris. Welche Tipps könntest du ihm in der Schreibkonferenz geben?

🟣 … Die beiden Steinzeitkinder Aga und Algor hatten sich heimlich von der Sippe entfernt. Sie wollten Speerwerfen üben, um endlich mit den Erwachsenen auf Jagd gehen zu dürfen. Auf einmal bekam Algor ein schlechtes Gewissen und fragte ängstlich: „Meinst du, dass wir wirklich keinen Ärger bekommen?" „Ach, wieso denn?", erwiderte Aga unbekümmert, „uns sieht doch keiner!" Bald vergaß auch Algor seine Bedenken, und die beiden Kinder zielten um die Wette.
Plötzlich zitterte der Boden, und es ertönte ein unheimliches Schnaufen. Was war das? Hinter ihnen tauchte eine Gruppe Wollnashörner auf. Aga schrie vor Schreck laut auf. „Schnell weg von hier!", flüsterte Algor. Beide rannten wie der Blitz davon.

2. Untersucht, wie die Geschichte überarbeitet wurde. Welche Hinweise wurden Boris bei der Schreibkonferenz wohl gegeben?

3. Überarbeitet eure eigenen Geschichten.

🟢
- scharf
- spitz
- schlecht
- hungrig

der Blitz	das Feuer
der Platz	die Höhle
die Jagd	der Hunger
der Bohrer	die Spitze
die Knochen	das Fell
das Holz	das Laub

- erleuchten
- jagen
- zünden

- sobald
- damit
- dass

Zeit für Bücher

1. Kennst du eines dieser Bücher? Hast du schon einmal etwas von der Autorin gehört? Berichte.

> Das Bücherschreiben macht mir sehr viel Spaß. Aber es hat ziemlich lange gedauert, bis ich wusste, dass ich genau dies tun will. Zuerst wurde ich Buchillustratorin. Ich erfand Bilder zu Geschichten. Aber die Geschichten, für die ich Bilder erfinden sollte, gefielen mir oft nicht. So begann ich, selbst Geschichten zu schreiben. Da war ich …

2. Was erfährst du über die Autorin?

3. Sammle weitere Informationen über die Autorin im Internet, z. B. unter der Internetadresse www.corneliafunke.de.

   ODER Sammle Informationen zu einer anderen Autorin oder einem anderen Autor.

1. Bereite einen Vortrag über deine Autorin oder
   deinen Autor vor. Dabei können dir diese Tipps helfen:
   - Schreibe Stichwörter für deinen Vortrag auf.
     Gut geeignet sind Karteikarten.
   - Schreibe die wichtigsten Informationen auf eine Folie.
     Deine Mitschülerinnen und Mitschüler können dann
     während deines Vortrags mitlesen.

   Cornelia Funke

   Geboren: 1958 in Dorsten
   Ausbildung: Erzieherin
   Studium: ...
   Familie: ...

   - Übe deinen Vortrag zu Hause vor dem Spiegel.
     Achte auf: Lautstärke, Sprechtempo, Betonung,
     Blickkontakt mit den Zuhörern.

2. Halte nun deinen Vortrag in der Klasse.
   Orientiere dich dabei an deinen Stichwörtern.

3. Sprecht anschließend über den Vortrag.
   - Was war gut? Was war noch nicht so gut?
   - Was kann wie verbessert werden?
   - Welche Tipps könnt ihr geben?

Informationen in einem Vortrag präsentieren

Meine Buchempfehlung

Titel: Kleiner Werwolf
Autorin: C. Funke
Illustratorin: C. Funke
Verlag: Cecilie Dressler
Erscheinungsjahr: 2002
Erscheinungsort: Hamburg
Seitenanzahl: 96 Seiten
Kapitelanzahl: 10
Hauptpersonen:
Moritz, genannt Motte
Lina, seine Freundin
Frau Pruschke, die Lehrerin

Anna

Cornelia Funke: Drachenreiter

Worum geht's?

In einem verlassenen Tal irgendwo in Schottland leben noch Drachen. Unter ihnen herrscht große Aufregung. Stimmt es, dass die Menschen kommen und das ganze Tal überfluten wollen?
Die Drachen überlegen, was sie tun können. Schließlich folgen sie dem Rat des alten Drachen Schieferbart. Der junge Drache Lung beschließt zusammen mit dem Koboldmädchen Schwefelfell und dem Menschenjungen Ben, ein neues Zuhause für sich und die anderen Drachen zu suchen. Dabei reisen sie um die ganze Welt und erleben viele spannende Abenteuer.

Ich finde, **Drachenreiter** ist ein tolles Buch, auch wenn es sehr lang ist.
Es ist spannend und
verzaubert einen richtig.

Lukas

---

1. Tauscht euch über die Buchempfehlungen von Lukas und Anna aus.
   - Welche Empfehlung gefällt dir gut? Welche gefällt dir nicht so gut? Begründe.
   - Was ist wichtig bei einer Buchempfehlung?

2. Schreibe eine eigene Buchempfehlung zu einem Buch von Cornelia Funke.

   ODER Schreibe eine Buchempfehlung zu einem anderen Buch.

3. Empfiehl deinen Mitschülerinnen und Mitschülern dein Buch.

4. Veröffentlicht eure Buchempfehlungen.

Seite 82–85
gemeinsam über etwas sprechen, eine Buchempfehlung verfassen

Es passierte an einem Sonntagabend im Oktober.
Motte war mit Lina im Kino gewesen.
Draußen war es schon ganz dunkel.
Auf dem Heimweg bogen sie in den kleinen Weg
zur U-Bahn-Unterführung ein. „Brr!" Lina verzog
das Gesicht. „Ich hasse es, da durchzugehen.
Es stinkt und ist unheimlich."
„Ach, nun komm schon", sagte Motte.
Lina griff nach Mottes Hand. Ihre Schritte hallten
unheimlich in der Dunkelheit. Plötzlich sahen sie
am anderen Ende des Tunnels eine seltsame Gestalt.
Kein Mensch, ein Hund oder etwas Ähnliches.
Der Hund hob witternd die Schnauze. Seine Augen
waren gelb, gelb wie Bernstein. Lina zischte:
„Kein Hund hat gelbe Augen. Komm weg!
Das ist ein Wolf." Da stieß Motte gegen
eine leere Coladose. Der Hund erschrak
und schnappte nach Mottes Hand.
Dann verschwand er in der Dunkelheit.

nach Cornelia Funke

1. Überlegt gemeinsam, wie die Geschichte weitergehen könnte. Was passiert mit Motte? War es ein Hund oder ein Wolf? Warum heißt das Buch **Kleiner Werwolf**?

2. Schreibe deine Fortsetzung auf und überarbeite sie.

3. Im Buch **Kleiner Werwolf** kannst du nachlesen, wie die Geschichte weitergeht.

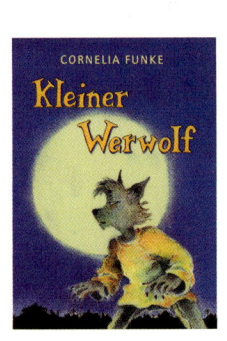

Seite 82–85 und 92   Seite 94–97
eine Geschichte fortsetzen und überarbeiten

Als Motte nach Hause kam, bemerkte er, dass etwas mit ihm nicht stimmte. Seine Haut juckte wie verrückt, und vor seinen Augen sah er gelbe Blitze. Er stolperte ins Badezimmer und guckte in den Spiegel. Vor Schreck machte er einen Schritt zurück. Gelbe Augen starrten ihn an. Aus einem hässlichen, haarigen Monstergesicht.

1. Wie fühlt sich Motte? Welche Gedanken gehen ihm durch den Kopf? Überlegt gemeinsam.

2. Motte schreibt auf, was ihm passiert ist. Schreibe als Motte selbst.
   - Als ich nach Hause kam, merkte ich, dass ich mich irgendwie veränderte. Was war denn bloß mit mir passiert? …

3. Überarbeitet eure Texte in kleinen Gruppen in Schreibkonferenzen.

Mein Lesetagebuch

Wichtige Angaben zum Buch:
- Autor:
- Verlag:
- Erscheinungsjahr:

Darum geht es:
-
-

Motte erzählt:
Als ich nach Hause kam, …

4. Führe zu **Kleiner Werwolf** oder deinem Lieblingsbuch ein Lesetagebuch.
   Überlege, wie du die weiteren Seiten gestalten kannst:
   • eine Fortsetzung schreiben
   • etwas malen, was zu deinem Buch passt
   • aufschreiben, was dir an dem Buch gefallen hat
   • Rätselfragen
   • einen Steckbrief zu einer der Figuren schreiben
   • …

Seite 82–85 und 92   Seite 94–97
einen Tagebucheintrag schreiben (Perspektivwechsel), ein Lesetagebuch führen

Hier musst du er, sie, ihn, ihr, ihm einsetzen.

● Motte hatte furchtbare Angst. Was sollte **Motte** tun? Niemand durfte **Motte** so sehen. **Motte** sah zu furchterregend aus. Schließlich hatte Motte eine Idee: **Motte** musste sich mit Lina treffen. Schnell schickte **Motte Lina** eine Nachricht über das Nachrichtenrohr. Das war eine Briefrolle mit Deckel. **Die Briefrolle** hing an einer Plastikwäscheleine aus Linas Fenster. Wollte Lina **Motte** etwas schicken, ließ **Lina** das Ding einfach gegen Mottes Fenster schwingen. Motte warf schnell eine rote Murmel in die Briefrolle. Das bedeutete: Dringend treffen im Geheimversteck, Alarmstufe Rot.

1. Dieser Text klingt sehr umständlich. Ersetze die fett gedruckten Nomen durch Pronomen. ✏

sein (ist, war)
lesen
holen
gestalten
vorlesen
schreiben

● Heute ■ in der Klasse 4a in der ersten Stunde freie Lesezeit. Jedes Kind ■ sich ein Buch aus der Leseecke. Die meisten Kinder ■ still für sich. Tina und Heinrich ■ zu ihrem Buch ein Lesetagebuch. Lisa und Noah ■ eine Buchempfehlung. Paul ■ Kai eine spannende Stelle aus seinem Buch ■. Sonja ■ nicht in der Klasse. Sie ■ als Lesepatin gerade den Kindern der ersten Klasse ■.

2. Soll der Text in der Gegenwartsform (Präsens) oder in der 1. Vergangenheitsform (Präteritum) stehen? Setze die passenden Verben in der von dir gewählten Zeitform ein. ✏

3. 👫 Übt den Text als Partnerdiktat. ✏

schließlich
gerade
niemand

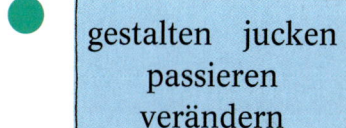

● gestalten jucken
passieren
verändern

das Gesicht
die Empfehlung
der Pate die Patin

bloß
hässlich
verrückt

➜ Seite 114
Pronomen, Gegenwarts- und Vergangenheitsform, Übungstext, Übungswörter

Das Lern-Mobile

Arbeitstechniken

Über die Schreibung
von Wörtern nachdenken   82

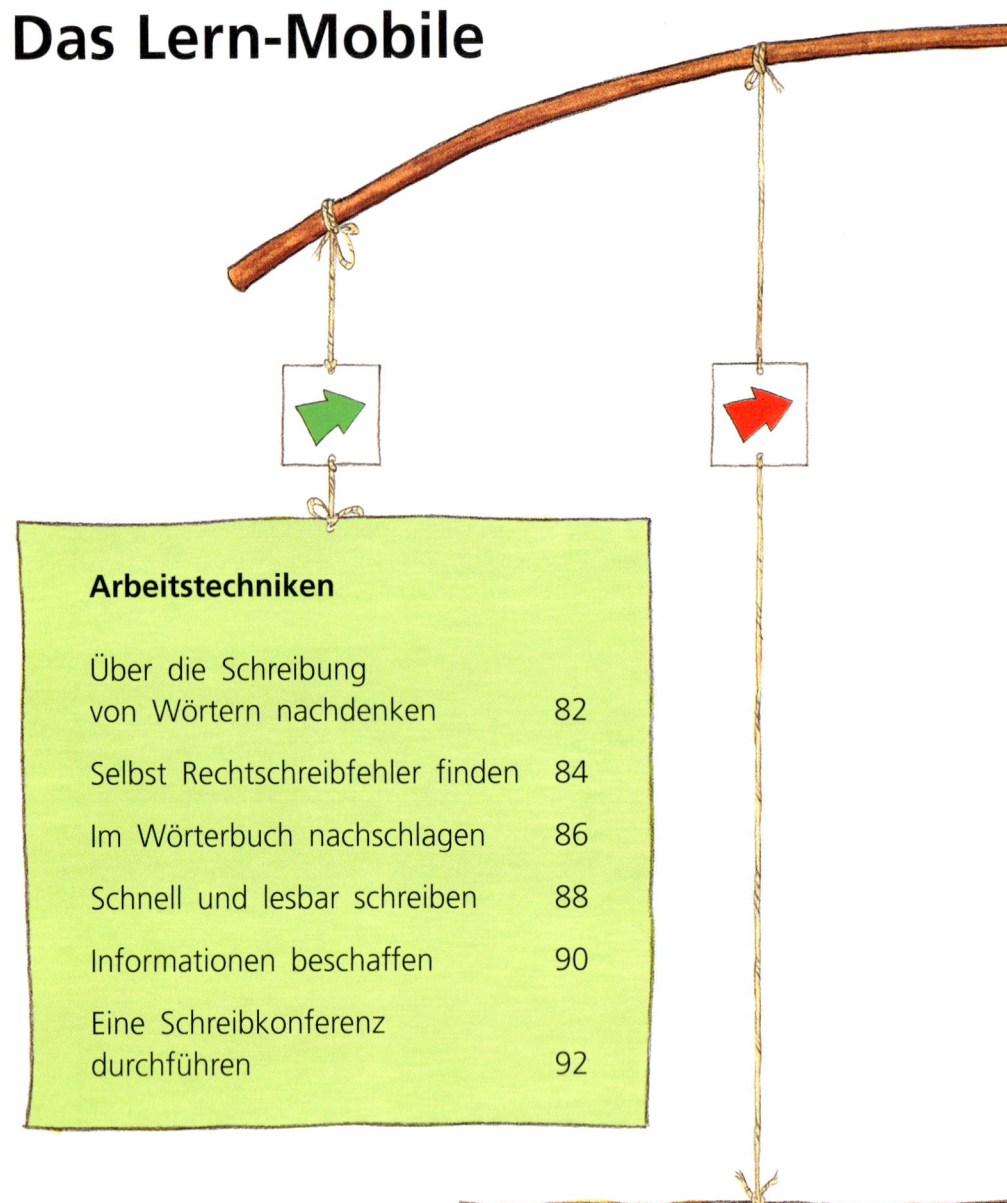

Selbst Rechtschreibfehler finden   84

Im Wörterbuch nachschlagen   86

Schnell und lesbar schreiben   88

Informationen beschaffen   90

Eine Schreibkonferenz
durchführen   92

Texte schreiben

Schreibideen entwickeln   94

Spannend erzählen   96

Einen Text zusammenfassen
und wiedergeben   98

Einen Sachtext schreiben   100

Richtig schreiben

Wörter mit langem oder kurzem Vokal	102
Wörter mit b, d, g oder p, t, k	104
Wörter mit ä und äu	104
Wörter mit mehreren Teilen	106
Wörter, die man großschreibt	108
Merkwörter	110

Sprache untersuchen

Nomen und Artikel	112
Verben und Pronomen	114
Adjektive	116
Sätze und Satzzeichen	118
Satzglieder	120
Wörtliche Rede	122

Über die Schreibung von Wörtern nachdenken

ANGST – groß oder klein?

Bei manchen Wörtern bist du unsicher oder du hast sie falsch geschrieben. Diese vier Schritte helfen dir:

1. Schritt: herausschreiben	Ich schreibe Wörter heraus, bei denen ich unsicher bin.	entdecken Angst läuten Strandbad
2. Schritt: besprechen	Ich suche mir einen Partner oder eine Partnerin. Wir sprechen gemeinsam über das Wort.	
3. Schritt: überlegen	Wir überlegen: • Was muss ich mir merken? • Gibt es eine Regel?	entdecken – Baustein **ent** mit **t** die Angst laut – läuten Strände – Strand baden – Bad
4. Schritt: suchen	Wir suchen weitere Wörter mit der gleichen Schwierigkeit. Ich verwende dazu das Wörterbuch oder die Wörterliste.	entlang, entlaufen der Schreck, das Glück ängstlich, träumen Wald, Bild, Rad

Übungen

Verband   Blitzableiter   Fernrohr   Urlaub
Knall   Heizung   Vorrat   Entdecker
Grüße   pfiffig   Forschercamp   steigt
glänzend   gefährlich   zusammen   Geheimnis
Staubsauger   häufig   Sandstrand

Ich lege mir eine Liste mit Wörtern mit schwierigen Stellen an.

1. Sprecht gemeinsam über die Wörter.
Was müsst ihr euch merken? Welche Regel kennt ihr dazu?

abwaschen   Sieg   tro**ck**en   es gefä**ll**t mir
Chef   verb**ie**ten   tr**äu**men   Gesund**heit**
grusel**ig**   **Th**eater   Hinder**nis**   schwi**tz**en
vorstellen   **Sch**reck   Kor**b**   Wander**ung**

2. Sucht zu jedem Wort drei weitere Wörter mit der gleichen Schwierigkeit.

Wörter, in denen du ein langes **i** hörst, schreibst du meistens mit **ie**.

Nach kurzem Vokal folgen meist zwei Konsonanten.

Wenn du das Wort verlängerst, kannst du den letzten Buchstaben richtig hören.

3. Suche zu jeder Regel drei passende Wörter.
Brief, …

Selbst Rechtschreibfehler finden

Du hast einen Text mit der Hand oder am Computer geschrieben. Überprüfe, ob du alle Wörter richtig geschrieben hast. So gehst du vor:

> Im letzten Febuar machten wir einen Ausflug in die Berge. Über Nacht hatte es stark geschneit. Morgens zogen wir Schneeschuhe an und unternahmen eine Wanderumg durch den Schnee. Das machte sehr viel Spaß, allerdings kamen wir nicht besonders schnel voran.
> ...

3 Fehler!

1. Schritt: sprechen
Ich spreche leise Wort für Wort. So finde ich fehlende oder falsche Buchstaben. Ich ergänze sie oder verbessere.

Febuar
Wanderu<u>m</u>g

2. Schritt: markieren und überlegen
Wenn ich bei einem Wort unsicher bin, markiere ich das Wort. Ich denke nach. Kenne ich eine Regel?

schnel

3. Schritt: nachschlagen
Wenn ich noch nicht sicher bin, schlage ich im Wörterbuch nach.

4. Schritt: korrigieren
Ein Wort mit einem Fehler streiche ich durch. Ich schreibe das Wort richtig darüber.

schnell
~~schnel~~

Übungen

●

Achtung: Buchstaben fehlen!

Fußballzeitug

zusammenbechen   Laswagen

Tunbeutel   Mamelade

heruntegefallen   Kartoffesuppe

Gebutstagsgeschenk   hinteherlaufen

Briefmake   zweihundereinundsechzig

1. Sprich die Wörter langsam in Silben.
   Wo fehlen einzelne Buchstaben?

2. Schreibe die Wörter richtig auf und sprich dazu.

●

11 Fehler!

| Seit einigen Wochen fehrt Leon
| auf seinem Fahrad stolz durch die Stadt.
| Auf seinem Schutzblech glenzt
|| ein Grünes abziehbild mit der Aufschrift:
||| Geprüfter Radfahrer! Letzen herbst
   hatten wir in der Schule
|| das richtige Verhalten im verkehr geüpt,
| und Leon hatte die prüfung gut bestanden.

3. Suche nach den elf Rechtschreibfehlern im Text.

4. Erkläre die richtige Schreibung:
   „**fährt** – kommt von **fahren** mit **ah**".

5. Überprüfe die richtige Schreibung
   im Wörterbuch
   und schreibe den Text richtig auf.

Im Wörterbuch nachschlagen

Viele Wörter findest du
im Wörterbuch
nur in der Grundform.
Du musst sie umformen.

Segelflugzeug winzige saß Wälder
fliegst am höchsten
gezogen

| **Nomen in der Mehrzahl:** **Einzahl bilden** | Ich bilde zu dem Nomen die Einzahl und schlage sie im Wörterbuch nach. | Wälder – Wald |

| **Zusammengesetzte Nomen:** **zerlegen** | Ich suche zu jedem Nomen beide Teile und schlage sie im Wörterbuch nach. | Segelflugzeug Segel, Flugzeug |

| **Verben:** **Grundform bilden** | Ich bilde zu dem Verb die Grundform und schlage sie im Wörterbuch nach. | fliegst – fliegen gezogen – ziehen saß – sitzen |

| **Adjektive:** **Grundform bilden** | Ich bilde zu dem Adjektiv die Grundform und schlage sie im Wörterbuch nach. | winzige Autos – winzig am höchsten – hoch |

1. Sucht zu jeder Gruppe weitere Beispiele und schlagt dann im Wörterbuch nach.

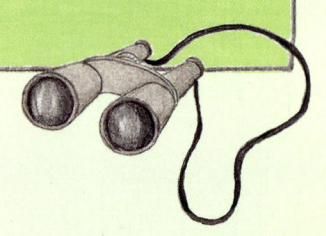

Übungen

Versteckte Nomen 1

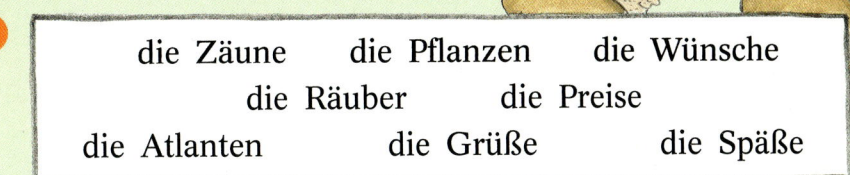

● die Zäune   die Pflanzen   die Wünsche
die Räuber   die Preise
die Atlanten   die Grüße   die Späße

1. Bilde die Einzahl und schlage im Wörterbuch nach.

Versteckte Nomen 2

● der Computeranschluss   der Rosenstrauß
das Schulgebäude   der Fußballtrainer
die Jeansjacke   das Geburtstagsgeschenk

2. Suche beide Teile und schlage im Wörterbuch nach.
3. Stelle weitere Beispiele für andere Kinder zusammen.

Versteckte Verben

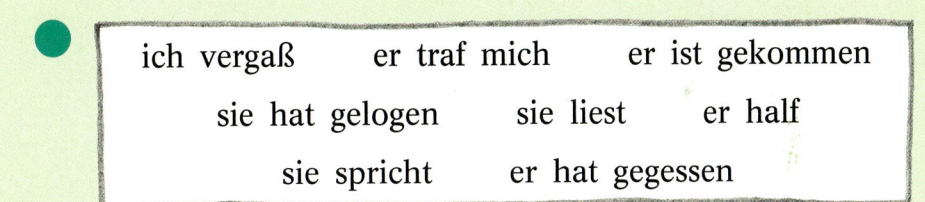

● ich vergaß   er traf mich   er ist gekommen
sie hat gelogen   sie liest   er half
sie spricht   er hat gegessen

4. Bilde die Grundform und schlage im Wörterbuch nach.

Versteckte Adjektive

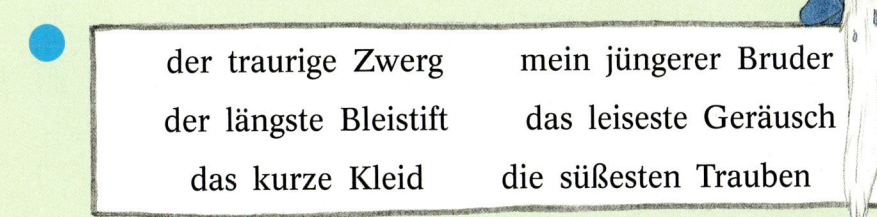

● der traurige Zwerg   mein jüngerer Bruder
der längste Bleistift   das leiseste Geräusch
das kurze Kleid   die süßesten Trauben

5. Bilde die Grundform und schlage im Wörterbuch nach.
6. Stelle weitere Beispiele für andere Kinder zusammen.

Schnell und lesbar schreiben

Du möchtest schnell
und lesbar schreiben.
Das kannst du so üben:

Denk an den Turnbeutel!

1. Schritt:

schreiben und prüfen

Ich schreibe den Satz sorgfältig auf und überprüfe, ob alle Wörter richtig sind.

2. Schritt:

dreimal schreiben

Ich schreibe den Satz dreimal auf.
Ich versuche jedes Mal,
etwas schneller zu schreiben.

3. Schritt:

prüfen

Ich überprüfe, ob alle Wörter
richtig und gut lesbar sind.

4. Schritt:

Buchstaben und Wörter üben

Ich übe Buchstaben oder einzelne Wörter,
die ungenau geworden sind.
Dabei kann ich ähnlich wie in der Druckschrift schreiben und zwischendurch absetzen.

5. Schritt:

schnell schreiben

Ich schreibe den ganzen Satz
schnell auf.

Übungen

Ich suche weitere Bildwitze.

„Und jetzt versteck die Farbe und sag Mama Bescheid!"

„Hier hast du dein schnurloses Telefon!"

1. Wähle einen Witz aus. Übe, den Satz immer schneller und gut lesbar zu schreiben.

Das Auto ist um 16.00 Uhr fertig.

Heute noch bei Firma Strobel anrufen.

Hallo Mama! Komme bald wieder. Bin mit Gregor im Hallenbad. Tschüss! Michi

Das Training dauert heute länger. Hol mich bitte erst um 17.00 Uhr ab.

Oma kommt um 17.30 Uhr am Bahnhof an. Abholen ist nicht nötig. Sie kommt mit dem Bus zu uns.

Muss jetzt weg. Vergiss bitte nicht, Filzstifte zu besorgen. Ich brauch sie morgen in der Schule.

2. Welche Nachrichten hast du schon für deine Eltern oder Geschwister aufgeschrieben? Übe, zwei Nachrichten schnell und lesbar zu schreiben.

Informationen beschaffen

Du möchtest dir
ein Thema erarbeiten.
So findest du Informationen:

| **1. Schritt:** sammeln | Ich sammle zu meinem Thema
• Bücher und Zeitschriften,
• Lexikonartikel,
• Informationen aus dem Internet,
• Bilder und Fotos. |

| **2. Schritt:** Suchmaschine nutzen | Bei der Internetsuche rufe ich zuerst eine Suchmaschine auf.
Ich suche das passende Stichwort aus oder gebe es in das Eingabefeld ein.
Bei den Suchergebnissen suche ich nach passenden Links. |

| **3. Schritt:** Inhaltsverzeichnis lesen | In einem Buch schaue ich das Inhaltsverzeichnis durch. Zuerst schaue ich die Kapitelüberschriften an. Was könnte zu meinem Thema passen? Dann erst lese ich die Untertitel. |

| **4. Schritt:** Register nutzen | Am Ende vom Buch gibt es oft ein Register. Dort stehen die Stichwörter nach dem Abc geordnet. Ich suche nach Stichwörtern zu meinem Thema und schlage die Seiten auf. |

Kulturen
Kelten
Ritter
Indianer
Piraten
Ägypter
Wikinger

Der Alltag
Wohnen
Kleidung

Das Zusammenleben
Der Häuptling
Frauen
Kinder

1. Probiere alle Schritte zu deinem Thema aus.

Übungen

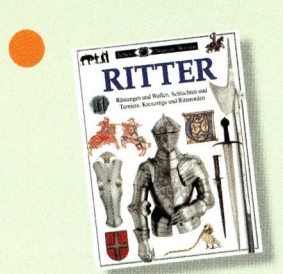

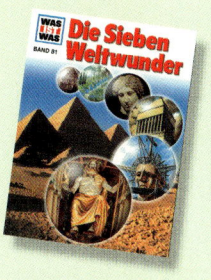

1. Welche Bücher passen zum Thema **Pyramiden**?

2. Sucht in der Bibliothek Bücher zu einem Thema, das euch interessiert. Schreibt eine Liste der Titel auf.

Inhaltsverzeichnis

Der Alltag 18
Häuser • Nahrung • Kleider • Schmuck • Schrift

Götter und Gräber 23
Götter • Tempel • Pyramiden • Gräber • Mumien

Mehr über die Ägypter 30

3. Du möchtest etwas über die Gräber in den Pyramiden wissen. In welchem Kapitel findest du etwas dazu?

4. Schaut gemeinsam Inhaltsverzeichnisse von Sachbüchern an. Welche Kapitel interessieren euch besonders?

Register

T
Tal der Könige 28, 36, 38
Tänzer 49
Tiermumien 9, 44–47
Totenbuch 12–13, 14, 20, 21, 25, 26, 32, 40
Tutanchamun 18, 29, 37, 38–39
• Maske 7, 39
• Grab 24, 29, 35
• Fluch des Pharao 40–41

5. Du möchtest etwas über die Tutanchamun-Maske wissen. Auf welchen Seiten findest du dazu etwas?

Eine Schreibkonferenz durchführen

In Schreibkonferenzen könnt ihr
eure Texte vorstellen und besprechen.
Dabei helfen euch diese Schritte:

1. Schritt:

vorlesen und zuhören

Ich lese meinen Text den anderen Kindern aus meiner Gruppe vor.
Ich höre mir die Meinung der anderen an.

2. Schritt:

untersuchen und Vorschläge machen

Darauf achten wir gemeinsam und machen Vorschläge:
- Stimmt die Reihenfolge?
- Was kann man spannender oder genauer erzählen?
- Wo sind Wiederholungen? Passen sie oder stören sie?
- Passen die Zeitformen?
- Fallen uns noch treffendere Wörter ein?
- Wo kann man wörtliche Rede einfügen?
- Stimmen die Sätze und die Rechtschreibung? Das Wörterbuch hilft dabei.

3. Schritt: überarbeiten und Endfassung schreiben

Ich wähle aus den Vorschlägen aus und schreibe eine Endfassung.

Tipp:
Kleine Änderungen direkt in den Text schreiben.
Große Änderungen mit Zahlen kennzeichnen und unter den Text schreiben.

4. Schritt:

vorstellen

Ich lese den Text der Klasse vor oder stelle ihn aus.

1. Führt Schreibkonferenzen zu euren Geschichten durch.

Übungen

Wo ist mein Schlüssel?

Heute Nachmittag, als ich vom Fußball nach Hause kam, war mein Schlüssel weg.
Ich suche, kann ihn aber nicht finden.
Was sollte ich machen?
Ich klingelte bei der Nachbarin.
Niemand zu Hause! Ich setze mich auf die Treppe und wartete.
Endlich kam meine Mutter nach Hause. Auf dem Küchentisch lag mein Schlüssel. Da konnte ich lange suchen.

Patrick

Wo ist mein Schlüssel?

Heute Nachmittag, als ich vom Fußball nach Hause kam, war mein Schlüssel weg.
Wo hatte ich ihn nur hingesteckt?

Ich griff in die Hosentasche. Kein Schlüssel! Ich suchte in meiner Sporttasche und wühlte zwischen den Sportsachen. Nichts zu finden! Vielleicht war er in der Reißverschlusstasche. Auch da war kein Schlüssel! Was sollte ich machen?
Ich klingelte bei der Nachbarin. Niemand zu Hause! Ich setzte mich auf die Treppe und wartete und wartete.

Endlich …

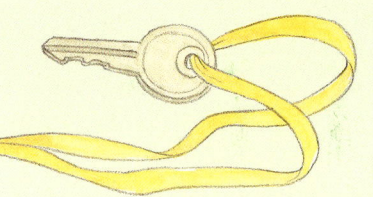

1. Untersucht, wie Patrick seine Geschichte überarbeitet hat. Welche Hinweise wurden ihm wohl in der Schreibkonferenz gegeben?

Die geheimnisvolle Kiste

Auf dem Flohmarkt <u>rief</u> ein Verkäufer: „Ich habe Bücher, Puppen und eine Kiste." Sofort liefen wir hin.*
Ich <u>rief</u>: „Wie viel kostet die Kiste?" „Das ist eine Geheimkiste. Sie kostet nur 3 €", <u>ruft</u> der Mann. „Die kaufen wir!"
Doch zu Hause ließ sich die Kiste nicht öffnen.*
Nach vielem Suchen und Probieren bekamen wir die Kiste auf.
Darin <u>liegt</u> ein Zettel. Darauf stand: „Du hast einen Wunsch frei!"

__Wdh.
*ausgestalten
Z
………

2. Überarbeitet die Geschichte.
Beschreibt: Wie sieht die Kiste aus?
Wie versuchen die Kinder, die Kiste zu öffnen?

Schreibideen entwickeln

Nicht immer kann man gleich losschreiben. Da hilft es oft, eine Schreibidee zu entwickeln. Hier sind drei Tipps dazu:

Tipp 1: Erstelle ein Wörternetz.

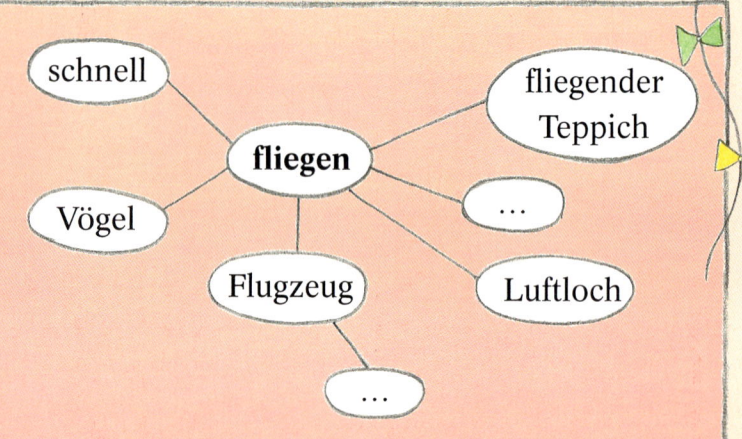

schnell — **fliegen** — fliegender Teppich
Vögel — **fliegen** — …
Flugzeug — **fliegen** — Luftloch
…

Tipp 2: Notiere Stichwörter.

- im Zimmer auf einem weichen Teppich
- plötzlich schwebt er über dem Boden
- zum Fenster hinaus
- unten meine Mutter
- …

Tipp 3: Erstelle eine Gliederung.

Thema:
Worum geht es in der Geschichte?
Einleitung:
Welche Personen? Wo? Wann?
Hauptteil:
Was geschieht nacheinander?
Was sagen, denken, fühlen die Personen?
Schluss:
Wie soll die Geschichte enden?
Überschrift:
Wie kann ich die Leser neugierig machen?

Übungen

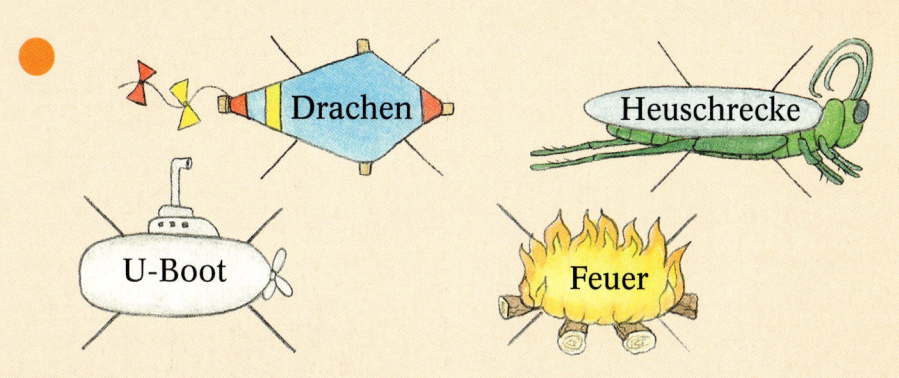

Drachen   Heuschrecke
U-Boot   Feuer

1. Suche dir ein Wort aus und erstelle ein Wörternetz dazu.

2. Schreibe zu deinem Wörternetz eine Geschichte.

Sammelt weitere Bilder für Geschichten!

3. Denke dir zu diesem Bild eine Geschichte aus.

4. Notiere zuerst einige Stichwörter.

   ODER Erstelle zuerst eine Gliederung.

5. Schreibe die Geschichte.

Spannend erzählen

Manchmal klingt deine Geschichte langweilig. So kannst du deine Geschichte spannender, lebendiger, interessanter machen:

Tipp 1: Wechsle die Satzanfänge ab und vermeide Wiederholungen.

Ich wollte mit meinem Freund Bodo zelten.
~~Ich fragte~~ *Deshalb fragte ich* meine Mutter, ob wir am Waldrand übernachten dürfen.
~~Meine Mutter~~ *Sie* …

Tipp 2: Füge wörtliche Rede ein.

Meine Mutter hatte Bedenken.*

*Meine Mutter meinte: „Habt ihr denn keine Angst so ganz allein am Waldrand?"

Tipp 3: Nenne Gefühle und Gedanken.

Mitten in der Nacht wachte ich auf.*
Ich weckte Bodo.

*Hatte ich nicht etwas gehört?
War da jemand? Sollte ich Bodo wecken?

Tipp 4: Beschreibe genauer und erzähle lebendiger.

Ich schaute *angstvoll* zu Bodo hinüber.
Er schlief ~~ganz~~ *so fest wie ein Murmeltier* fest.

Tipp 5: Verwende treffende Verben, Adjektive und Nomen.

Ich ~~sagte~~ *flüsterte*: „Bodo, wach auf!"
Wir ~~nahmen~~ *packten blitzschnell* unsere Sachen *zusammen*.

Übungen

● Ich wartete und wartete.
Mutter kam und kam nicht.
Ich saß wie auf Kohlen.
Ich sollte doch um drei Uhr am Sportplatz
in Neuenburg sein.
Ich konnte niemandem mehr Bescheid geben.
Ich hatte natürlich mein Handy nicht dabei.
Ich wollte meine Mannschaft nicht sitzenlassen.
Ich war verzweifelt.
Was sollte ich tun?

1. Überarbeite die Geschichte.
Stelle Satzglieder um
und verbinde Sätze miteinander.

● Leonhard ist ein Löwe.
Er ist der größte Löwe im Safaripark.
Er geht zum Friseur.
Seine Haare müssen geschnitten werden.
Leonhard schaut den Besuchern zu.
Eine Autotür steht offen. Er hat eine Idee.
Langsam …

2. Verbinde und erweitere die Sätze.

● Herr Steger sagte:
„Was ist denn hier los?
Macht, dass ihr fortkommt!"
Das hatte Kati nicht erwartet.
Sie guckte mich an und sagte: „… ."
Schnell sagte ich zu Kati: „… ."
Aber Herr Steger sagte: „… ."

3. Ersetze **sagte** durch passende Wörter
und ergänze den Text.

Einen Text zusammenfassen und wiedergeben

Bei manchen Texten musst du dir
das Wichtigste merken.
So kannst du einen Text zusammenfassen
und anderen das Wichtigste weitergeben:

Schritt 1: Lies den Text still für dich durch.	Ein Segelflugzeug kann ohne Motor fliegen. Es startet von einer Bergkuppe aus oder es wird von einem Motorflugzeug oder einer Seilwinde hochgezogen. Der Pilot steuert das Segelflugzeug mit einem Steuerknüppel und mit Fußpedalen.
Schritt 2: Markiere die wichtigsten Begriffe.	Ein Segelflugzeug kann <u>ohne Motor</u> fliegen. Es <u>startet</u> von einer <u>Bergkuppe</u> aus oder es wird von einem <u>Motorflugzeug</u> oder einer <u>Seilwinde</u> hochgezogen. Der Pilot steuert das Segelflugzeug mit einem <u>Steuerknüppel</u> und mit <u>Fußpedalen</u>.
Schritt 3: Schreibe einen Stichwortzettel.	• Segelflugzeuge: kein Motor • Start: Bergkuppe oder Motorflugzeug oder Seilwinde • Steuerung: Steuerknüppel und Fußpedale
Schritt 4: Schreibe eine kurze Zusammenfassung oder berichte anhand deines Stichwortzettels.	Segelflugzeuge haben keinen Motor. Zum Start werden sie hoch in die Luft gezogen. Der Pilot steuert …

Übungen

Vogelflug

Vögel, Fledermäuse und Insekten sind die einzigen Tiere, die aus eigener Kraft fliegen können. Sie besitzen Flügel und kräftige Muskeln, mit denen sie ihre Flügel sehr schnell und oft sehr lange bewegen können. Tiere, die fliegen können, haben dadurch einige Vorteile. Sie können Nahrungsquellen erreichen, die für andere Tiere unerreichbar sind: auf hohen Bäumen, auf der Wasseroberfläche, in der Luft. Sie können aber auch leichter ihren Feinden entfliehen. Flügel mit Federn sind erst im Laufe einer langen Entwicklung entstanden. Ursprünglich hatten fliegende Saurier keine richtigen Flügel, sondern Flughäute, mit denen sie von Bäumen aus durch die Luft segelten.

Düsenflugzeuge

Flugzeuge können sich heute entweder mit Propellern oder mit Hilfe von Düsenantrieben in der Luft bewegen. Bei Propellerflugzeugen werden die Propeller durch Motoren angetrieben. Die Luft wird dabei nach hinten gestoßen, das Flugzeug nach vorne gezogen.
Düsenflugzeuge besitzen ein Strahltriebwerk. Mit sehr starken Motoren wird Luft angesaugt, stark erhitzt und durch Düsen nach hinten ausgestoßen. Dadurch entsteht ein mächtiger Luftstrom, der das Flugzeug antreibt und in die Luft hebt.

1. Wähle einen Text aus und schreibe dazu eine Zusammenfassung.

2. Jeder wählt aus einem Sachbuch einen Text aus und stellt ihn anhand eines Stichwortzettels dem anderen vor.

Einen Sachtext schreiben

So kannst du beim Schreiben
eines Sachtextes vorgehen:

Schritt 1:
Beobachte den Vorgang genau oder führe ihn selbst durch.

Schritt 2:
Notiere Stichpunkte zu den einzelnen Schritten.

- Libellenlarve steigt an Stängel aus dem Wasser
- Haut der Larve platzt auf
- Libelle zieht sich aus Haut heraus
- Flügel trocknen in 2 Stunden; dann abflugfähig

Schritt 3:
Schreibe mit Hilfe der Stichpunkte einen Sachtext.

Wenn die Libellenlarve ausgewachsen ist, steigt sie an einem Stängel aus dem Wasser und krallt sich dort fest. Nach einiger Zeit platzt die Haut der Larve am Rücken auf, und die Libelle zieht sich vorsichtig aus der Hülle heraus. Wenn die Flügel erstarrt sind, startet die Libelle zu einem ersten kurzen Flug.

Übungen

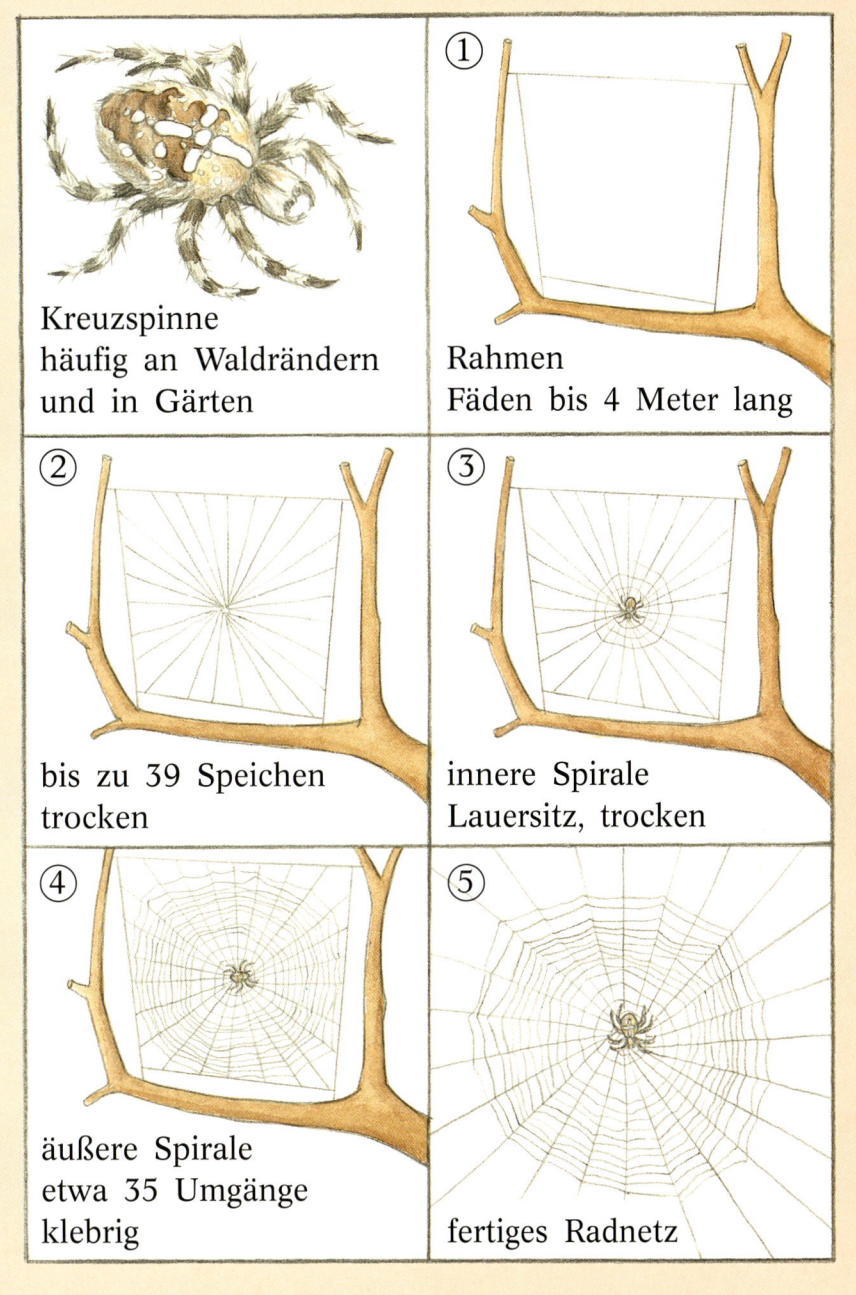

Kreuzspinne häufig an Waldrändern und in Gärten	① **Rahmen** Fäden bis 4 Meter lang
② bis zu 39 Speichen trocken	③ innere Spirale Lauersitz, trocken
④ äußere Spirale etwa 35 Umgänge klebrig	⑤ fertiges Radnetz

1. Suche ein Netz einer Kreuzspinne und beobachte genau.
2. Erkläre anhand der Zeichnungen, wie die Spinne ihr Netz baut.
3. Schreibe einen Sachtext dazu.

Wörter mit langem oder kurzem Vokal

Ich weiß nicht ob man
ss oder **ß**,
ck oder **k**,
tz oder **z** schreibt.

Sprich die Wörter und achte auf die Vokale.

kurzer Vokal mit **ss**, **ck**, **tz**	langer Vokal mit **ß**, **k**, **z**
das Schloss	das Floß
blass	sie aß
witzig	weiß
das Netz	die Schaukel
wackeln	die Heizung
die Ecke	die Kreuzung

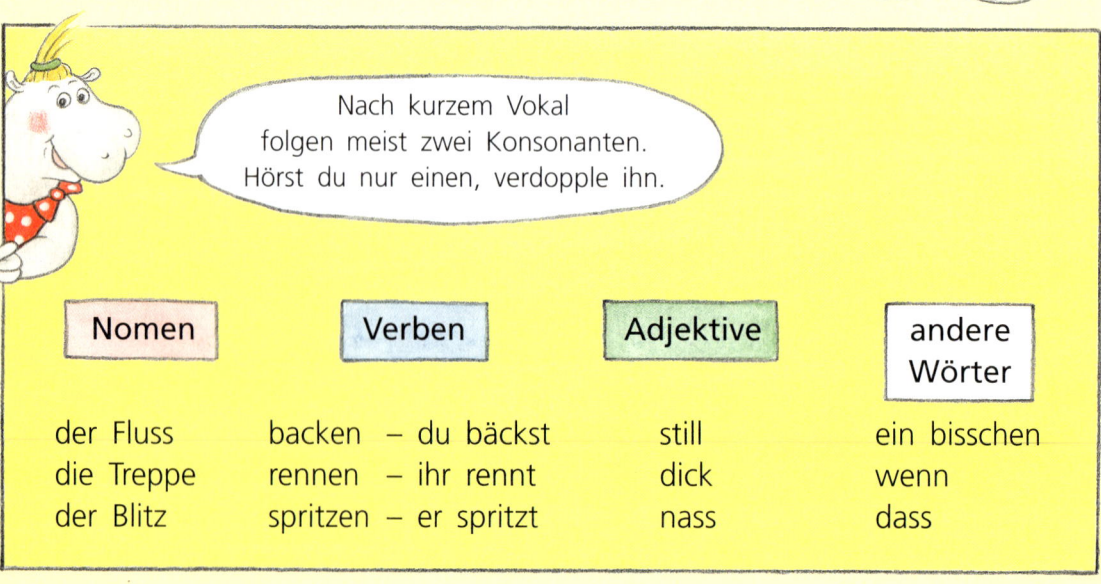

Zwielaute (**au**, **ei**, **eu**) sind immer lang.

Nach kurzem Vokal folgen meist zwei Konsonanten. Hörst du nur einen, verdopple ihn.

Nomen	Verben	Adjektive	andere Wörter
der Fluss	backen – du bäckst	still	ein bisschen
die Treppe	rennen – ihr rennt	dick	wenn
der Blitz	spritzen – er spritzt	nass	dass

1. Suche passende Wörter zu den Gruppen.

Übungen

Im Schloss und auf der Straße

Ellen ritt schnell zu dem Schloss auf dem wunderschönen Ross.

Ele ging mit schweren Füßen auf der Straße – wollt' dich grüßen.

Ellen schwamm jetzt durch den Fluss zu der Palme mit der Nuss.

Ele aß den großen Kloß mit Klein-Ele auf dem Schoß.

1. Sprich die Verse. Achte auf den kurzen und langen Vokal.

2. Suche im Wörterbuch nach passenden Wörtern.

kurzer Vokal	langer Vokal
das Schloss	die Straße
nass	…

Wörter erwürfeln

3. Beklebt einen Würfel mit **ll**, **mm**, **nn**, **ss**, **tz** und **ck**. So könnt ihr üben:
   - Würfelt und sucht zu den gewürfelten Buchstaben vier Wörter im Wörterbuch.
   - Wer zuerst vier Wörter gefunden und richtig geschrieben hat, hat gewonnen.

Wörter mit b, d, g oder p, t, k

Wie schreibe ich das Wort?
Mit b oder p, mit g oder k,
mit d oder t?

Verlängere das Wort,
dann hörst du es.

Nomen
- die Berge – der Berg
  die Räder – der Radfahrer

Verben
- leben – du lebst
  steigen – sie steigt
  binden – er band

Adjektive
- wilde Tiere – wild
  klüger – klug

1. Suche passende Wörter und verlängere sie.

Wörter mit ä und äu

Muss ich das Wort
mit ä oder e,
mit äu oder eu
schreiben?

Ich suche ein
verwandtes Wort
mit a oder au.

- tragen – Hosenträger
  ganz – ergänzen
  Traum – träumen
  klar – erklären
  kalt – erkälten
  anders – verändern
  rauben – Räuber
  Verstand – verständlich
  Gefahr – gefährlich
  raten – Rätsel

2. Suche weitere Wörter.

Übungen

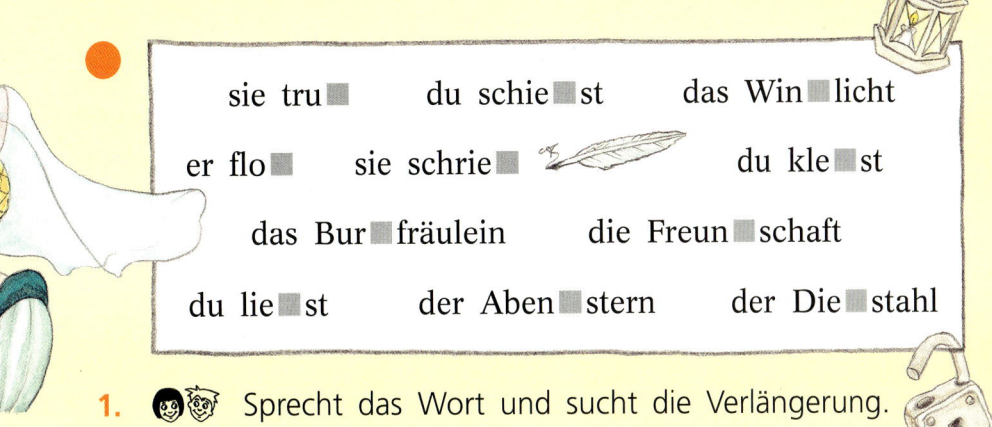

sie tru▇   du schie▇st   das Win▇licht

er flo▇   sie schrie▇   du kle▇st

das Bur▇fräulein   die Freun▇schaft

du lie▇st   der Aben▇stern   der Die▇stahl

1. Sprecht das Wort und sucht die Verlängerung.

er gab
ich fand
ihr springt
gelb
rund
billig
Korbflechter
Waldarbeiter
Bergsteigerin

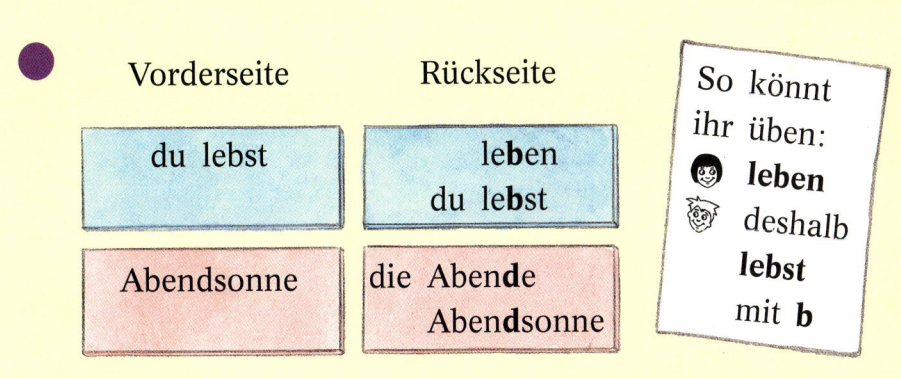

Vorderseite **Rückseite**

| du lebst | le**b**en |
| | du le**b**st |

| Abendsonne | die Aben**d**e |
| | Aben**d**sonne |

So könnt ihr üben:
🙂 **leben**
😀 deshalb **lebst** mit **b**

2. Stellt euch Wendekarten her und übt damit. Sucht weitere Wörter dazu.

Gestern waren wir im Museum. Wir konnten glänzende Ritterrüstungen sehen und wir erfuhren, wie die Ritter auf Turnieren gekämpft haben. Der Direktor erklärte uns, wie Männer und Frauen auf der Burg gelebt haben. Aus der Nähe konnten wir kostbare Waffen anschauen. Am Schluss mussten wir alle noch ein Rätsel lösen und durften uns eine Postkarte auswählen.

3. Erklärt die Schreibweise der Wörter mit **ä**.

4. Ergänze das verwandte Wort mit **a**.
glänzend – der ...

Wörter mit mehreren Teilen

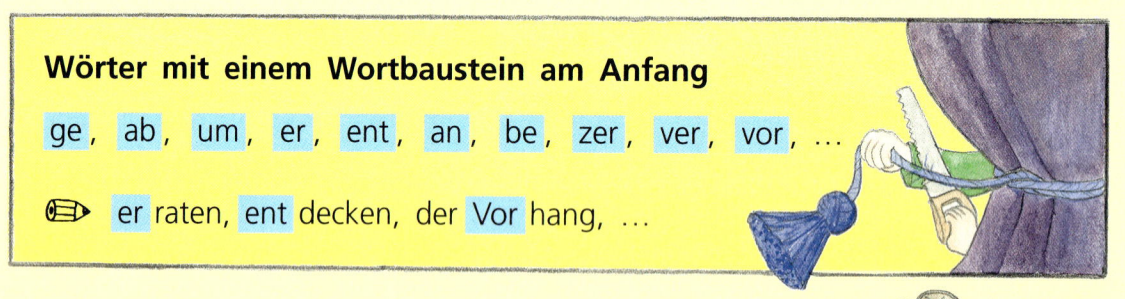

Das Wort ist so lang. Ich weiß nicht, ob ich alle Buchstaben habe.

Gliedere ein langes Wort in seine Teile.

BRIEF | MARKE

Wörter, die aus zwei Wörtern zusammengesetzt sind

✎ Staubsauger, dunkelblau, Abendkleid, …

Bei manchen Wörtern steht ein **s** dazwischen:

✎ die Bahnhofsuhr, der Adventskranz, die Geburtstagstorte, …

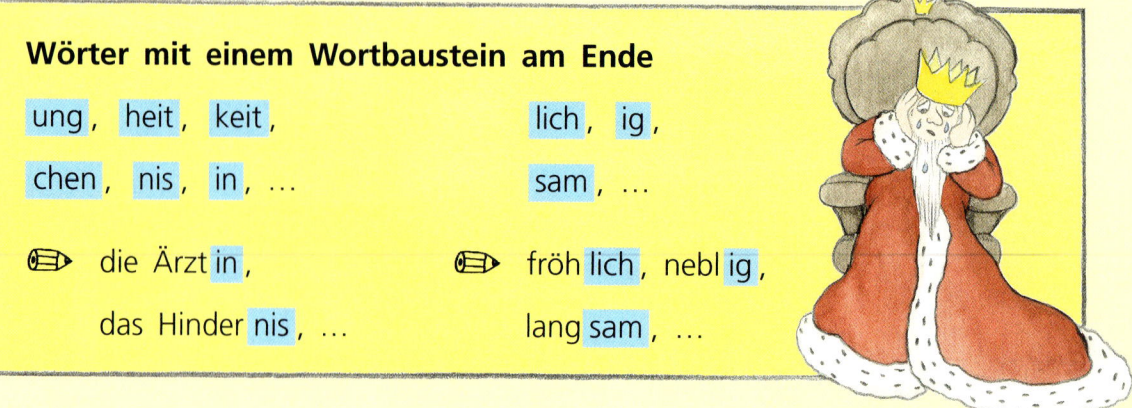

Wörter mit einem Wortbaustein am Anfang

ge, ab, um, er, ent, an, be, zer, ver, vor, …

✎ erraten, entdecken, der Vorhang, …

Wörter mit einem Wortbaustein am Ende

ung, heit, keit, chen, nis, in, …

lich, ig, sam, …

✎ die Ärztin, das Hindernis, …

✎ fröhlich, neblig, langsam, …

1. Suche weitere Wörter zu den Gruppen.

Übungen

*Bei drei Wörtern steht ein **s** zwischen den Teilen.*

freundlich	Entdeckung	Frühstückstisch
verlaufen	Weihnachtsfest	Entschuldigung
ängstlich	Wanderung	Rasenmäher	verliebt
lustig	staubig	vertragen	Haustür	sandig
Hundehütte	schrecklich	Museumsbesuch		

1. Entdeckt die Teile.
2. Ordne die Wörter. Immer drei passen zusammen.
   ▷ freundlich, ängstlich, …

verraten   vorrechnen   aussagen   Laubbaum

Arzttasche   erraten   annehmen

Fahrrad   Stuhllehne   vielleicht   Vorrunde

3. Erklärt die Stellen mit den doppelten Konsonanten.

Sucht aus dem Wörterbuch weitere Wörter mit diesen Wortbausteinen.

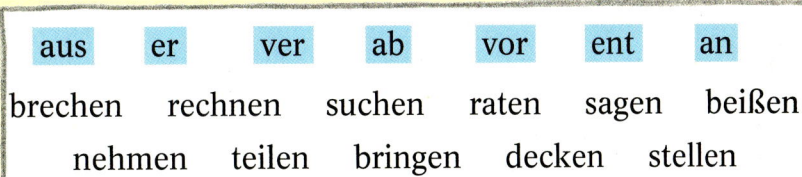

aus   er   ver   ab   vor   ent   an

brechen   rechnen   suchen   raten   sagen   beißen
nehmen   teilen   bringen   decken   stellen

4. Ein Kind tippt auf einen Wortbaustein: aus.
   Das andere sucht ein passendes Verb dazu.
   ▷ aussuchen
   Jedes Kind bildet mit dem Verb einen Satz.
   „Darf ich mir ein Geschenk aussuchen?"
   „Ich will meine Kleidung selbst aussuchen können."

Wörter, die man großschreibt

Welche Wörter muss ich großschreiben?

Jedes Wort am Satzanfang, alle Eigennamen und Nomen. Nomen kann man herausfinden.

Zu Nomen passt ein Artikel.

✏️ die Freude, das Glück, eine Ausstellung

Im Satz zeigen Artikel auf Nomen.

Ich ziehe den Anorak an.
Wir laufen zum Bus.
Ich gehe gern ins Kino.

ins – in das
zum – zu dem
zur – zu der
aufs – auf das
im – in dem

Oft stehen Adjektive oder andere Wörter vor den Nomen.

Ich wollte unbedingt den schillernden Fisch haben.
Lisa gab mir eine ganz frische Melone.

Die Wortbausteine ung, heit, keit, nis gehören zu Nomen.

✏️ das Erlebnis, die Entdeckung, die Einsamkeit

1. 👦👧 Sucht weitere Beispiele.

Übungen

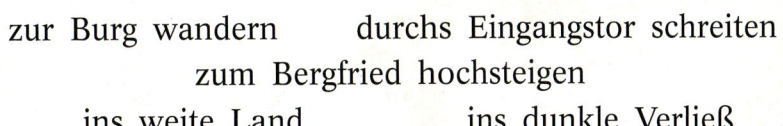

zur Burg wandern   durchs Eingangstor schreiten
zum Bergfried hochsteigen
ins weite Land schauen   ins dunkle Verließ klettern
aufs Pferd steigen   am Spieß braten

1. Schreibe die Nomen mit den versteckten Artikeln auf.
   ✏ zur Burg – zu der Burg, …

So sah die Freizeit der Ritter aus:
Im Sommer gingen die Männer gern auf die Jagd.
Im Burghof kam die ganze Familie zum Kegeln
und zum Ringwerfen zusammen. An langen
Winterabenden vertrieb man sich die Zeit mit
Brettspielen und mit Kartenspielen. Zur Unterhaltung
kamen Sänger und Musikanten ins Burggelände.
Sie brachten Neuigkeiten und Abwechslung
in den mühevollen Alltag der Ritter.

2. Sucht alle Nomen heraus. Woran erkennt ihr sie?

RITTERTURNIERE WURDEN IM LAUFE DES MITTELALTERS
IMMER BELIEBTER. SIE WAREN EIN WICHTIGES EREIGNIS
DER DAMALIGEN ZEIT. VIELE RITTER GINGEN
ZUM TURNIER, UM REICH ZU WERDEN. DER SIEGER
DURFTE NÄMLICH DAS PFERD UND DIE AUSRÜSTUNG
DES GEGNERS BEHALTEN. EINE RITTERRÜSTUNG WAR
SEHR WERTVOLL. DER HELM UND DAS KETTENHEMD
WAREN BESONDERS TEUER.

3. Sucht alle Nomen heraus. Woran erkennt ihr sie?

4. Schreibe den Text richtig auf.
   Überprüfe mit dem Wörterbuch. ✏

Merkwörter

Ich kann mir manche Wörter nicht merken.

Auf der nächsten Seite steht, wie man sich Wörter einprägen kann.

Wörter mit V / v und den Wortbausteinen Ver , ver und Vor , vor

- **v**ierzig, **v**ielleicht, …
- der **Ver**lierer, **vor**her, …

Wörter mit aa, ee, oo

- die Id**ee**, die Erdb**ee**re, …

Wörter mit ah, eh, oh, uh, äh, öh, üh

- die W**oh**nung, das J**ah**r, w**äh**rend, …

Wörter mit chs

- der Fu**chs**, am nä**chs**ten Tag, …

Wörter mit ai

- der H**ai**, …

Wörter mit ine und ik

- die Masch**ine**, die Fabr**ik**, …

Wörter mit lz, nz, rz

- ga**nz**, die Ke**rz**e, das Sa**lz**, ku**rz**, …

Wörter mit nk

- de**nk**en, du**nk**el, schla**nk**, …

1. Suche im Wörterbuch Wörter zu den Gruppen.

Übungen

Sahne
wachsen
Musik
schwarz
Tankstelle
vielleicht
vorne
sechs
vierundzwanzig
ohne
Violine
früh
Mai
winken
Holz

● **Tambo**

sechs, winken, Musik

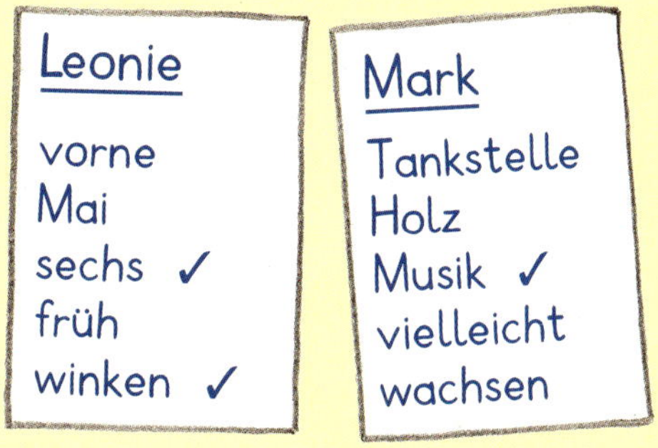

Leonie
vorne
Mai
sechs ✓
früh
winken ✓

Mark
Tankstelle
Holz
Musik ✓
vielleicht
wachsen

1. Sammelt Wörter für das Tambo-Spiel.
   So könnt ihr üben:
   - Schreibt 15 Wörter an die Tafel.
   - Jeder wählt davon fünf aus und schreibt sie auf.
   - Einer liest die Wörter durcheinander von der Tafel vor.
   - Jeder macht einen Haken hinter das genannte Wort.
   - Wer zuerst hinter jedem Wort einen Haken hat, hat gewonnen.

●

Bingo spielen

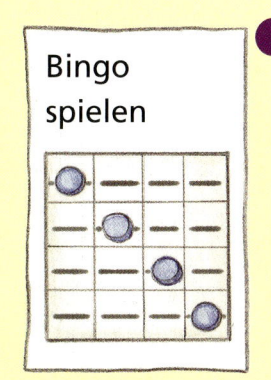

In Gruppen ordnen

Fu**ch**s, se**ch**s, wa**ch**sen

Merkmale nennen

„Verkehr mit **Ver** und **eh**"

Verk**eh**r

Partnerdiktat

Sätze bilden

Der K**ai**ser fing einen H**ai**.

Verwandte Wörter suchen

Gef**ahr**, gef**äh**rlich, Lebensgef**ahr**

2. Wähle zum Üben deiner Merkwörter Stationen aus.

Nomen und Artikel

In jedem Satz kommen verschiedenen Wörter vor:
Nomen, Verben, Adjektive, Artikel, Pronomen und andere.

Wörter für Menschen, Tiere, Pflanzen, für sichtbare Dinge und für Unsichtbares nennen wir **Nomen**.

Nomen schreibt man groß.

die Pilotin   das Känguru   der Kaktus   das Glück

Nomen können in der **Einzahl** und in der **Mehrzahl** stehen.
das Bild – die Bilder
das Geheimnis – die Geheimnisse

Vor einem Nomen kann ein **Artikel** oder ein anderer Begleiter stehen.
bestimmter Artikel: der, die, das
unbestimmter Artikel: ein, eine
andere Begleiter: jede, dieser, keiner, manche, mein, sein, …

Die Artikel zeigen oft die vier Fälle.

1. Fall: Wer? (Nominativ)	2. Fall: Wessen? (Genitiv)	3. Fall: Wem? (Dativ)	4. Fall: Wen? Was? (Akkusativ)
der Hund	des Hundes	dem Hund	den Hund
die Hunde	der Hunde	den Hunden	die Hunde

Nomen kann man mit anderen Wörtern **zusammensetzen**.
die Lenkstange, das Vorderrad, die Handbremse, …

Auch **Eigennamen** gehören zu den Nomen.
Pia, Kuno, Nemo, Heiner Schober, die Donau, die Zugspitze

Manche Nomen kann man an einem **Wortbaustein** erkennen.
heit : die Schönheit, …   keit : die Heiterkeit, …
ung : die Heizung, …   nis : die Wildnis, …

Übungen

Ob es noch mehr von solchen Nomen gibt?

die Gans	der Atlas	der Fernseher	die Nuss
das Lexikon	die Firma	das Kino	der LKW

1. Bilde zu jedem Nomen die Mehrzahl.
Wenn du nicht sicher bist, schlage im Wörterbuch nach.

das Mehl	die Milch	die Eltern	die Ferien
das Glück	das Obst	die Zwillinge	die Alpen
das Fleisch	die Liebe		die Leute

2. Kannst du zu diesen Nomen auch die Mehrzahl und die Einzahl finden? Was entdeckst du?

Ich war noch ein kleines Mädchen, da nahm mich eines Tages mein Großvater an die Hand und ging mit mir zu dem Kastanienbaum, der mit seiner weit ausladenden Krone mitten im Hof unseres Forsthauses stand. Großvater war damals sicher schon über achtzig. Es war Frühling, und die weißen Blütenstände schmückten die Kastanie, als mein Großvater die Geschichte dieses Baumes erzählte.

3. Schreibe alle Nomen mit ihren Artikeln oder anderen Begleitern heraus.

der Geburtstag – die Geburt + der Tag
das Fahrrad – fahren + das Rad
das Hochhaus – hoch + das Haus

4. Sammelt zusammengesetzte Nomen und schreibt die Teile auf.

Verben und Pronomen

In jedem Satz brauchen wir ein Verb.
Verben sagen, was geschieht, was sich ereignet,
was Menschen, Tiere, Pflanzen, Dinge tun oder wie sie sich verhalten.

Hippo singt ein Lied.

Es schneit.

Im Wörterbuch stehen die Verben in der **Grundform**: singen, schneien.
Im Satz verändert sich die Form der Verben: singe, singst, singt …
Das sind die **Personalformen** der Verben.
Welche Personalform man braucht, siehst du
an den **Pronomen ich, du, er, sie, es, wir, ihr, sie**.

Einzahl	1. Person	ich hole	ich holte
	2. Person	du holst	du holtest
	3. Person	er/sie/es holt	er/sie/es holte
Mehrzahl	1. Person	wir holen	wir holten
	2. Person	ihr holt	ihr holtet
	3. Person	sie holen	sie holten

Vor den Stamm eines Verbs kann man Wortbausteine setzen.
Das ergibt neue Verben.
halten: an halten, be halten, aus halten, …

Verben geben an, ob etwas gerade jetzt geschieht (Gegenwartsform)
oder bereits geschehen ist (1. und 2. Vergangenheitsform).

Gegenwartsform (Präsens)	Er **isst** Eis.	Sie **läuft**.
1. Vergangenheitsform (Präteritum)	Er **aß** Eis.	Sie **lief**.
2. Vergangenheitsform (Perfekt)	Er **hat** Eis **gegessen**.	Sie **ist gelaufen**.

Übungen

Manchmal verändert sich der Wortstamm.

Ich helfe dir. Du hilfst mir.

ich   du   er   sie   sie
  wir   ihr   sie   es

bring   sag   hol   brat   helf

1. Baue mit den Pronomen und den Verbstämmen Sätze in der Gegenwartsform (Präsens).
2. Fahre die Endungen farbig nach.

ich singe	er hat gelernt	wir aßen
ich sang	er lernte	du hast gefragt
wir essen	er lernt	wir haben gegessen
du fragst	ich habe gesungen	du fragtest

3. Schreibe zu jedem Pronomen die passenden Verben in allen drei Formen auf.
   ich singe – ich sang – ich habe …

4. Wähle aus dem Wörterbuch weitere Verben aus und bilde die drei Formen.

holen	essen	sagen	schlafen	pfeifen
verdienen	fliegen	gehen	steigen	
malen	ziehen	lügen	sparen	verstecken

5. Bilde zu jedem Verb die Gegenwartsform (Präsens) und die 1. Vergangenheitsform (Präteritum). Was entdeckst du?

6. Trage die Vergangenheitsformen in eine Tabelle ein.

…	…
wir holten	wir aßen
wir sagten	…

115

Adjektive

Adjektive braucht man, um etwas genauer beschreiben zu können.

ein Garten
ein **geheimnisvoller** Garten

eine Bewegung
eine **schnelle** Bewegung

Manche Adjektive kann man an einem **Wortbaustein** erkennen.

ig : fleißig, langweilig, lustig, mutig, neblig, …
lich : ärgerlich, freundlich, fröhlich, glücklich, …
sam : wundersam, gehorsam, langsam, sparsam, biegsam, …
bar : lesbar, brauchbar, essbar, dankbar, furchtbar, …

Mit Adjektiven kann man Menschen, Tiere, Pflanzen, Dinge vergleichen.

Grundstufe: Mein Pferd rennt **schnell**.
Mein Pferd rennt **so schnell wie** deines.
Ich habe ein **schnelles** Pferd.

1. Vergleichsstufe: Mein Pferd rennt **schneller als** deines.
Ich habe ein **schnelleres** Pferd **als** du.

2. Vergleichsstufe: Mein Pferd rennt **am schnellsten**.
Ich habe das **schnellste** Pferd.

Adjektive stehen oft
vor einem Nomen: Das ist ein **kluges** Pferd.
vor einem anderen Adjektiv: Er stand vor einem **riesig** großen Bären.
nach dem Verb: Der Bär rannte **schnell**.
nach *bin, ist, sind, war,* Ich bin **mutig**. Er ist **traurig**.
waren: Es war **kalt**.

Übungen

Die Feldgrille hat schwarze Deckflügel.
Ihr Körper ist walzenförmig, und die Beine sind kurz.
Sie hat einen auffallend dicken und großen Kopf.
Die Feldgrille liebt trockene, warme und
gut besonnte Orte. Im Sommer sitzt sie
vor ihrer Wohnröhre und lässt
den typischen Grillengesang hören.

1. Schreibe alle Adjektive in der Grundform heraus.

groß
schlank
dünn
weich
fein
vier

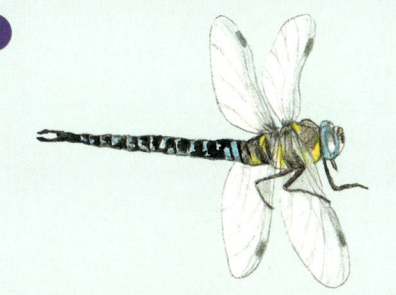

2. Schreibe einen kurzen Sachtext zu dieser Libelle.
Die Adjektive machen deine Beschreibung genauer.

ig
lich
bar
isch
sam

essen   das Gift   gelb   rund
das Tier   die Haare   die Sonne   der Sand
lang   die Seite   das Holz

3. Baue mit den Wortbausteinen und den Wörtern Adjektive.
   essen – essbar, das Gift – …

größer als   lauter als   höher als
weicher als   dunkler als
schneller als   härter als   weiter als

4. Vergleiche Tiere miteinander.
   Krötenweibchen sind größer als Krötenmännchen.

Sätze und Satzzeichen

Meist sprechen und schreiben wir in ganzen Sätzen.
Den Anfang eines Satzes schreiben wir groß,
am Ende steht immer ein Satzzeichen.

Wenn wir erzählen, berichten,
etwas beschreiben oder etwas behaupten,
gebrauchen wir **Aussagesätze**.
Nach einem Aussagesatz
steht ein **Punkt**.

Mein Computer ist abgestürzt.

Wenn wir jemand etwas fragen
oder etwas wissen wollen,
gebrauchen wir **Fragesätze**.
Nach einem Fragesatz
steht ein **Fragezeichen**.

Was soll ich nur schreiben? Kannst du mir einen Tipp geben?

Wenn wir jemanden zu etwas auffordern,
um etwas bitten oder etwas befehlen,
gebrauchen wir **Aufforderungssätze**.
Nach einem Aufforderungssatz
steht ein **Ausrufezeichen**.

Komm sofort her!

Auch nach einem **Ausrufesatz**
steht ein **Ausrufezeichen**.

Hilfe, ein Krokodil!

Sätze kann man miteinander verknüpfen.
Dazu benutzt man **Bindewörter** (Konjunktionen).

Die Straße ist nass. Es hat geregnet.
Die Straße ist nass, **weil** es geregnet hat.

Übungen

○ Bitte, geh noch mit der Bella raus ▪

Wer geht heute mit ihr ▪

Ich war gestern mit ihr draußen ▪

Lass los ▪

Wo ist denn die Hundeleine ▪

Aber es regnet ▪

1. Sprich die Sätze und achte dabei auf die Satzmelodie. Welches Satzzeichen passt?
2. Schreibe die Sätze auf und ergänze die Satzzeichen.

●

3. Denke dir ein kurzes Gespräch zwischen Hippo und Hippa aus. Verwende Aussagesätze, Fragesätze, Aufforderungssätze und Ausrufe.

denn
dass
weil
sondern

● Ich gehe nicht mit Loki raus.
↳ Ich war heute schon mit ihr draußen!

Geh mit Loki raus! ⟷ Ich möchte es.

Ich gehe nicht mit Loki raus.
↳ Du gehst mit ihr raus.

4. Verbinde beide Sätze mit einem Bindewort.
Beachte: Vor den Bindewörtern steht ein Komma.

Satzglieder

Jeder **Satz** hat mindestens zwei Teile:

das **Subjekt** und das **Prädikat**.

Die Wüste lebt.

Das Subjekt kann man mit der **Wer-oder-was-Frage** herausfinden.

Was lebt? **die Wüste**

Das Prädikat findet man mit folgenden Fragen heraus:
Was geschieht? oder **Was ereignet sich?** oder **Was tut?**

Was ereignet sich mit der Wüste? sie **lebt**

Das Prädikat kann sehr einfach sein
und nur aus der Personalform des Verbs bestehen.

Das Kamel **schläft**.

Das Prädikat kann auch aus zwei Teilen bestehen.

Das Kamel **will schlafen**.
Das Kamel **hat geschlafen**.

Das Prädikat kann **Ergänzungen** (Objekte)
hinzunehmen und weitere Angaben
(**adverbiale Bestimmungen**).

Wen-/was-Ergänzung: Das Kamel trägt **schwere Lasten**.
Wem-Ergänzung: Das Kamel gehört **meinem Vater**.
Angabe zum Ort: Das Kamel trabt **zur Wasserstelle**.
Angabe zur Zeit: Das Kamel trabt **den ganzen Tag**.
Angabe zur Art und Weise: Das Kamel trabt **ganz ruhig**.

Übungen

△ Wer oder was?

○ Was tut?

▭ Wen oder was?

▭ Wann? Wo? Wie?

▯ Wem?

△	○	▭	▭
Mozart	bewunderten	in Wien	ein Singspiel
der Pianist	komponierte	als Kind	Klavier
er	spielte	gern	den Künstler
sein Vater	unterrichtete	überall	ihn
die Zuhörer	schrieb	oft	eine Oper

1. Baue mit den Satzgliedern sinnvolle Sätze.
   Du musst nicht alle Satzglieder verwenden.

△ ○ ▭   Mozart liebte seine Constanze.

○ △ ▯ ▭   Widmete er ihr eine Sonate?

▭ ○ △ ▭   Oft spielte er eine Mazurka.

△ ○ ▭   Sie wohnten in Salzburg.

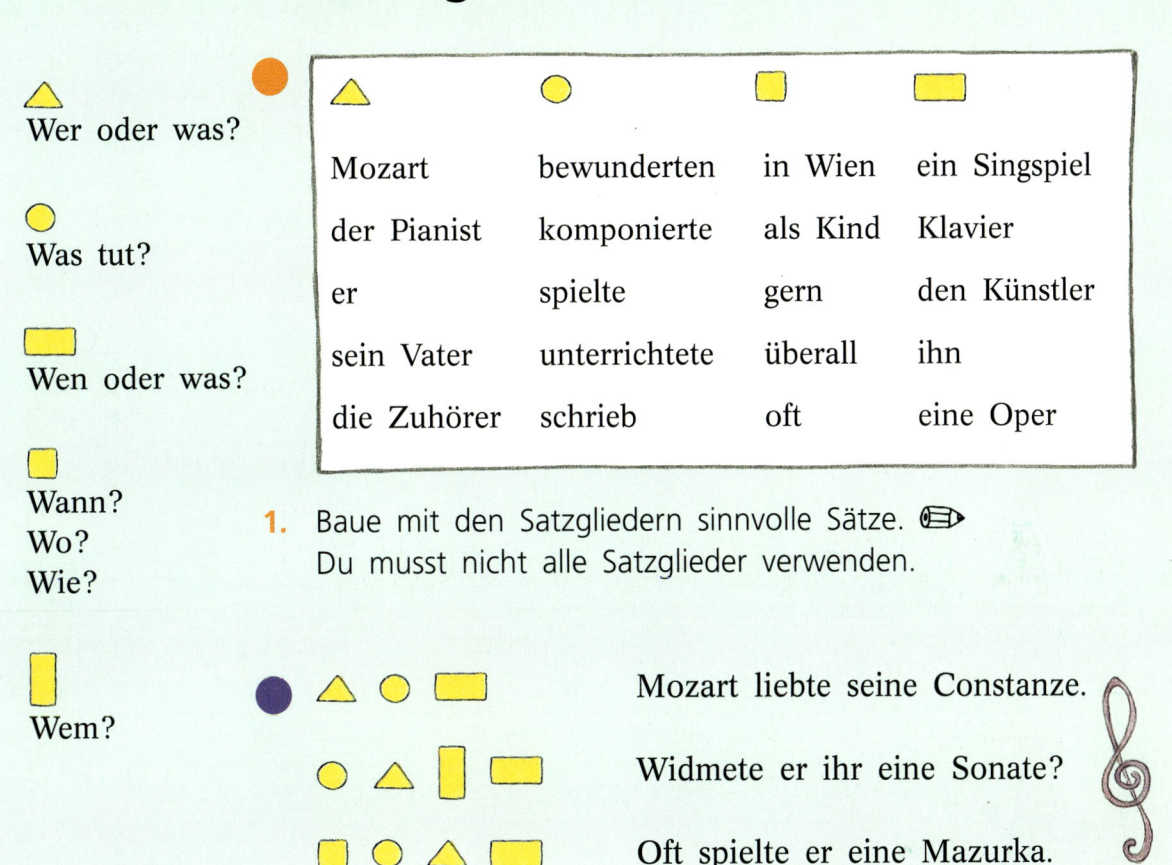

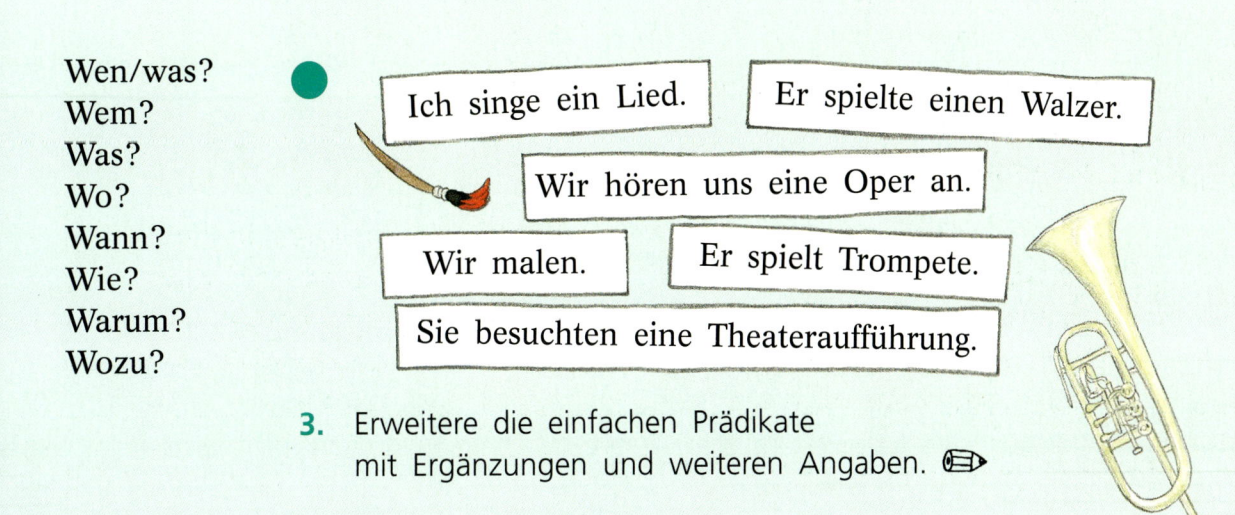

2. Kannst du nach diesen Mustern weitere Sätze bauen?

Wen/was?
Wem?
Was?
Wo?
Wann?
Wie?
Warum?
Wozu?

Ich singe ein Lied.   Er spielte einen Walzer.

Wir hören uns eine Oper an.

Wir malen.   Er spielt Trompete.

Sie besuchten eine Theateraufführung.

3. Erweitere die einfachen Prädikate mit Ergänzungen und weiteren Angaben.

Wörtliche Rede

In Texten wollen wir oft aufschreiben,
was jemand wörtlich sagt oder gesagt hat.
Wir gebrauchen die **wörtliche Rede**.
Die wörtliche Rede steht zwischen **Anführungszeichen**.
Damit man weiß, wer etwas gesagt hat,
kann man den **Redebegleitsatz** hinzufügen.

Was möchtest du machen?

Ach, ich möchte einmal nichts tun!

Redebegleitsatz — wörtliche Rede

Hippa sagte : „Ach, ich möchte einmal nichts tun!"

Doppelpunkt   Anführungszeichen unten   Anführungszeichen oben

Der Redebegleitsatz kann **vor** der wörtlichen Rede stehen.

Hippo fragte : „Wann besuchst du mich?"

Der Redebegleitsatz kann **nach** der wörtlichen Rede stehen.

„Wann besuchst du mich?", fragte Hippo.

Er kann sogar **dazwischen** stehen.

„Wann", fragte Hippo, „besuchst du mich?"

Übungen

Nach der Mittagspause zog die Lehrerin das Grammofon auf und legte eine Platte auf.
„Setzt euch alle bequem hin", sagte sie,
„damit ihr wirklich zuhören könnt."
Musik erfüllte den Raum.
„Woran habt ihr bei dieser Musik gedacht?",
fragte Miss Williams, als die Platte zu Ende war.
„Regen", sagte Isobel.
„Vielleicht auch Wasser", schlug Ben vor.
„Regen ist Wasser", sagte Isobel lachend zu ihm.
„Nein, ich meine Wasser wie in einem Bach",
beharrte Ben und blieb trotz Isobels lachendem
Gesicht ernst.
Miss Williams fragte: „Was meinst du, Anna?"

1. Lies den Text für dich und nenne dabei alle Satzzeichen.

2. Lest den Text mit verteilten Rollen.
   Denkt auch an den Erzähler.

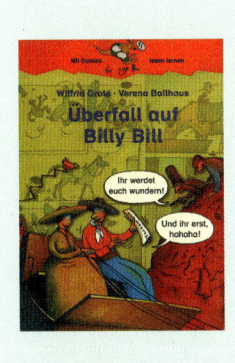

Hier ist ein Brief für dich.

Oje! Onkel Willy ist gestorben.

Willy Bill? Das tut mir leid.

Er hat mir seine Goldmine vererbt. Jetzt bin ich reich!

3. Schreibe eine Geschichte zu dieser Szene aus einem Saloon im Wilden Westen.

123

Unsere Wörterliste

A

ab
der **Abend**, die Abende
abends
aber
abfahren, er fährt ab, sie fuhr ab
die **Abfahrt**
der **Abfall**, die Abfälle
abgeben, sie gibt ab, er gab ab, gib ab, gebt ab
abholen, sie holt ab
abschicken, er schickt ab
abstellen, sie stellt ab
acht
die **Adresse**, die Adressen
alle
allein
als
alt, älter
am, an
ändern, er ändert
die **Angst**
ängstlich, ängstlicher
anlegen, sie legt an
anmalen, er malt an
antworten, sie antwortet
anziehen, er zieht an, sie zog an
anzünden, er zündet an
der **Apfel**, die Äpfel
der **April**
die **Arbeit**, die Arbeiten
arbeiten, sie arbeitet
ärgerlich, ärgerlicher
ärgern, er ärgert
der **Arm**, die Arme
der **Arzt**, die Ärzte
die **Ärztin**, die Ärztinnen
sie **aß**
auch
auf
aufgeben, er gibt auf, sie gab auf, gib auf, gebt auf
aufhängen, er hängt auf, sie hängte auf
aufpassen, er passt auf
das **Auge**, die Augen
der **Augenblick**
der **August**
aus
die **Ausbildung**, die Ausbildungen
ausdrucken, sie druckt aus
ausschalten, er schaltet aus
ausschneiden, sie schneidet aus, er schnitt aus

B

der **Bach**, die Bäche
backen, sie backt / bäckt, er backte / buk
der **Bäcker**, die Bäcker
die **Bäckerin**, die Bäckerinnen
die **Bahn**, die Bahnen
bald

der **Ball,** die Bälle
die **Banane,** die Bananen
die **Bank,** die Bänke
der **Bär,** die Bären
basteln, sie bastelt
er **bat**
der **Bauch,** die Bäuche
bauen, sie baut
der **Baum,** die Bäume
die **Beere,** die Beeren
beginnen, er beginnt, sie begann
beide
das **Bein,** die Beine
bekommen, er bekommt, sie bekam
beobachten, er beobachtet
der **Berg,** die Berge
der **Beruf,** die Berufe
beschenken, sie beschenkt
besser
am **besten**
besuchen, er besucht
das **Bett,** die Betten
bezahlen, sie bezahlt
das **Bild,** die Bilder
die **Birne,** die Birnen
ein **bisschen**
bitten, er bittet, sie bat
blass, blasser / blässer
das **Blatt,** die Blätter
blau
bleiben, er bleibt, sie blieb
der **Blitz,** die Blitze
bloß
blühen, es blüht
die **Blume,** die Blumen

die **Blüte,** die Blüten
die **Bohne,** die Bohnen
der **Bohrer,** die Bohrer
das **Boot,** die Boote
böse, böser
brauchen, er braucht
brechen, sie bricht, er brach, brich, brecht
breit, breiter
das **Brett,** die Bretter
das **Brettchen,** die Brettchen
der **Brief,** die Briefe
die **Briefmarke,** die Briefmarken
bringen, sie bringt, er brachte
das **Brot,** die Brote
die **Brücke,** die Brücken
der **Bruder,** die Brüder
das **Buch,** die Bücher
der **Buchstabe,** die Buchstaben
bunt, bunter
die **Burg,** die Burgen
der **Bus,** die Busse
die **Butter**

C

die **CD,** die CDs
der **Chef,** die Chefs
die **Chefin,** die Chefinnen
der **Computer,** die Computer

D

da
dabei
dafür

damit
danach
der Dank
danken, sie dankt
dann
daran
sie darf
darum
das
dass
dazu
die Decke, die Decken
denken, er denkt, sie dachte
denn
der
der Dezember
dicht, dichter
dick, dicker
die
der Dienstag
dieser, diese
dir
der Donnerstag
das Dorf, die Dörfer
dort
der Drachen, die Drachen
draußen
drei
dürfen, er darf, sie durfte

E

die Ecke, die Ecken
ehrlich, ehrlicher
das Ei, die Eier
ein, eine
einkaufen, er kauft ein
einladen, sie lädt ein,
er lud ein
die Einladung, die Einladungen
einmal
eins
einsam, einsamer
die Einsamkeit
einwerfen, sie wirft ein,
er warf ein,
wirf ein, werft ein
der Elefant, die Elefanten
elf
die Empfehlung, die Empfehlungen
endlich
der Engel, die Engel
entdecken,
sie entdeckt
die Entdeckung,
die Entdeckungen
entgegen
entlang
entnehmen, er entnimmt,
sie entnahm, entnimm,
entnehmt
sich entschließen,
er entschließt sich,
sie entschloss sich
entsorgen, er entsorgt
entwickeln, sie entwickelt
er
erfinden, er erfindet, sie erfand
ergänzen, er ergänzt
das Ergebnis, die Ergebnisse
erklären, sie erklärt
erleben, er erlebt
erlernen, sie erlernt
erleuchten, er erleuchtet

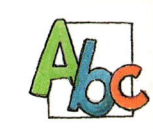

erst
erzählen, sie erzählt
es
essen, er isst, sie aß,
iss, esst
der Essig
etwa
euch, euer

F

die Fabrik, die Fabriken
fahren, sie fährt, er fuhr
der Fahrer, die Fahrer
das Fahrrad, die Fahrräder
die Fahrt, die Fahrten
fallen, sie fällt, er fiel
fällen, sie fällt
die Familie, die Familien
er fand
fangen, sie fängt, er fing
fassen, sie fasst
fast
der Februar
die Feder, die Federn
die Fee, die Feen
das Fell, die Felle
das Fenster, die Fenster
die Ferien
fernsehen, er sieht fern, sie sah fern, sieh fern, seht fern
der Fernseher, die Fernseher
fest, fester
das Feuer, die Feuer
er fiel

finden, sie findet, er fand
sie fing
der Finger, die Finger
der Fisch, die Fische
fleißig, fleißiger
fliegen, er fliegt, sie flog
der Flug, die Flüge
der Flügel, die Flügel
das Flugzeug, die Flugzeuge
der Fluss, die Flüsse
flüstern, er flüstert
fragen, sie fragt
die Frau, die Frauen
frei, freier
der Freitag
fressen, er frisst, sie fraß, friss, fresst
die Freude, die Freuden
sich freuen, er freut sich
der Freund, die Freunde
die Freundin, die Freundinnen
freundlich, freundlicher
der Frieden
fröhlich, fröhlicher
früh, früher
das Frühjahr
füllen, sie füllt
fünf
der Fuß, die Füße
das Futter

G

es gab
ganz
gar nicht
der Garten, die Gärten

	geben, er gibt, sie gab, gib, gebt		**glücklich,** glücklicher
			golden, goldener
der	**Geburtstag,** die Geburtstage	das	**Gras,** die Gräser
das	**Gedicht,** die Gedichte		**gratulieren,** er gratuliert
die	**Gefahr,** die Gefahren		**groß,** größer
	gefährlich, gefährlicher		**grün**
	gefallen, es gefällt, er gefiel	der	**Gruß,** die Grüße
	geheim, geheimer		**gucken,** sie guckt
das	**Geheimnis,** die Geheimnisse	die	**Gurke,** die Gurken
	gehen, sie geht, er ging		**gut,** besser, am besten
	gehören, es gehört		
	gelb		

H

die	**Gelegenheit,** die Gelegenheiten		
	gelingen, es gelingt, es gelang	das	**Haar,** die Haare
	gelungen		**haben,** er hat, sie hatte
	gemeinsam	die	**Hand,** die Hände
das	**Gemüse**	der	**Händler,** die Händler
	genauso		**hängen,** er hängt, sie hing
	genügend		**hart,** härter
	gerade		**hässlich,** hässlicher
	gerannt	sie	**hatte**
	gerecht, gerechter		**häufig,** häufiger
die	**Gerechtigkeit**	das	**Haus,** die Häuser
	gern		**heiraten,** er heiratet
das	**Geschenk,** die Geschenke		**heiß,** heißer
das	**Geschirr**		**heißen,** sie heißt, er hieß
das	**Gesicht,** die Gesichter		**helfen,** sie hilft, er half, hilf, helft
	gestalten, er gestaltet		
	gestern	das	**Hemd,** die Hemden
	gesund, gesünder		**heraus**
die	**Gesundheit**		**herein**
es	**gibt**		**herstellen,** sie stellt her
	gießen, sie gießt, er goss	der	**Herr,** die Herren
sie	**ging**		**herum**
	glänzend, glänzender		**herunter**
	glatt, glatter / glätter		**hervor**
das	**Glück**		

128

herzlich, herzlicher
heute
die **Hexe**, die Hexen
die **Hilfe**, die Hilfen
der **Himmel**
das **Hindernis**, die Hindernisse
hinein
hinterher
hinzu
hoch, höher
hoffen, er hofft
hoffentlich
die **Höhle**, die Höhlen
holen, sie holt
das **Holz**, die Hölzer
hören, er hört
die **Hose**, die Hosen
der **Hund**, die Hunde
der **Hunger**
hungrig, hungriger
hüpfen, sie hüpft
der **Hut**, die Hüte

I

ich
ihm, ihn
ihr, ihre
im
immer
in
die **Information**, die Informationen
der **Inliner**, die Inliner
das **Internet**
er **isst**
sie **ist**

J

die **Jagd**, die Jagden
jagen, er jagt
das **Jahr**, die Jahre
der **Januar**
jede, jeder
jetzt
jucken, es juckt
der **Juli**
jung, jünger
der **Junge**, die Jungen
der **Juni**

K

der **Käfer**, die Käfer
der **Käfig**, die Käfige
der **Kaiser**, die Kaiser
die **Kaiserin**, die Kaiserinnen
kalt, kälter
sie **kam**
kämpfen, er kämpft
sie **kann**
die **Karte**, die Karten
die **Kartoffel**, die Kartoffeln
der **Kartoffelsalat**
der **Käse**
der **Kasper**
die **Kassette**, die Kassetten
die **Katze**, die Katzen
kaufen, sie kauft
kein, keine
der **Keller**, die Keller
die **Kerze**, die Kerzen

das **Kind,** die Kinder
die **Kirsche,** die Kirschen
das **Kissen,** die Kissen
die **Kiste,** die Kisten
die **Klasse,** die Klassen
das **Klassenzimmer**
das **Klavier,** die Klaviere
kleben, er klebt
das **Kleid,** die Kleider
die **Kleidung**
klein, kleiner
klingen, sie klingt, es klang
klopfen, er klopft
klug, klüger
der **Knochen,** die Knochen
der **Knopf,** die Knöpfe
kochen, sie kocht
kommen, er kommt, sie kam
der **König,** die Könige
die **Königin,** die Königinnen
können, er kann, sie konnte
der **Konsonant,** die Konsonanten
das **Konzert,** die Konzerte
der **Kopf,** die Köpfe
der **Körper,** die Körper
krank, kränker
die **Krippe,** die Krippen
die **Krone,** die Kronen
der **Kuchen,** die Kuchen
die **Kuh,** die Kühe
kurz, kürzer
der **Kuss,** die Küsse

L

lachen, er lacht
das **Land,** die Länder
lang, länger
langsam, langsamer
langweilig, langweiliger
lassen, sie lässt, er ließ
das **Laub**
laufen, sie läuft, er lief
laut, lauter
der **Laut,** die Laute
leben, sie lebt
das **Leben,** die Leben
legen, er legt
der **Lehrer,** die Lehrer
die **Lehrerin,** die Lehrerinnen
das **Leid**
die **Leine,** die Leinen
leise, leiser
lernen, sie lernt
lesen, er liest, sie las, lies, lest
die **Leute**
lieb, lieber
die **Liebe**
lieben, er liebt
das **Lied,** die Lieder
sie **lief**
liegen, er liegt, sie lag
er **ließ**
das **Lineal,** die Lineale
das **Loch,** die Löcher
der **Löffel,** die Löffel
los
loslassen, sie lässt los, er ließ los

das **Luftschiff**, die Luftschiffe
lustig, lustiger

M

machen, sie macht
das **Mädchen**, die Mädchen
ich **mag**
der **Mai** 
malen, er malt
mancher, manche
der **Mann**, die Männer
der **Mantel**, die Mäntel
der **März**
die **Maschine**, die Maschinen
die **Maus**, die Mäuse
das **Meer**, die Meere
mehr
mein, meine
meistens 
der **Mensch**, die Menschen
das **Messer**, die Messer
mir
mischen, sie mischt
mit
mitbringen, er bringt mit, sie brachte mit
miteinander
der **Mittag**, die Mittage
das **Mittagessen**
mittags
das **Mittelmeer**
der **Mittwoch**
mögen, er mag, sie mochte
der **Montag**
morgens

müde, müder 
der **Mund**, die Münder
die **Musik**
müssen, er muss
der **Mut**
mutig, mutiger
die **Mutter**, die Mütter

N

nach Hause
der **Nachbar**, die Nachbarn
die **Nachbarin**, die Nachbarinnen
nachmittags
die **Nacht**, die Nächte
nachts
nah, näher, am nächsten
die **Nähe**
nähen, sie näht
die **Nahrung**
der **Name**, die Namen
die **Nase**, die Nasen
nass, nasser / nässer
der **Nebel**, die Nebel
neblig / nebelig, nebliger / nebeliger
nehmen, er nimmt, sie nahm, nimm, nehmt
neun
nicht
nichts
niemand 
der **Nikolaus**
noch
der **November**
nun
nur

die **Nuss,**
    die Nüsse

O

    oder
    öffnen, er öffnet
    oft
das **Ohr,** die Ohren
der **Oktober**
das **Öl**
die **Oma,** die Omas
der **Opa,** die Opas

P

    packen, sie packt
das **Papier,** die Papiere
    passieren, es passiert
der **Pate,** die Paten
die **Patin,** die Patinnen
der **Pelz,** die Pelze
die **Pfanne,** die Pfannen
der **Pfeffer**
    pfeifen,
    sie pfeift, er pfiff
das **Pferd,** die Pferde
sie **pfiff**
die **Pflanze,** die Pflanzen
der **Pinsel,** die Pinsel
der **Platz,** die Plätze
    plötzlich
die **Post**
die **Postkarte,** die Postkarten
die **Postleitzahl,** die Postleitzahlen
der **Preis,** die Preise
der **Prinz,** die Prinzen

die **Prinzessin,** die Prinzessinnen
    probieren, er probiert
das **Programm,**
    die Programme
die **Puppe,** die Puppen
    putzen, sie putzt

Qu

    quaken, er quakt
der **Qualm**
die **Quelle,** die Quellen
    quieken, sie quiekt

R

das **Rad,** die Räder
der **Radfahrer,** die Radfahrer
das **Rätsel,** die Rätsel
der **Räuber,** die Räuber
    rechnen, er rechnet
der **Regen**
    regnen, es regnet
    reiten, sie reitet,
    er ritt
    rennen, sie rennt,
    er rannte
der **Richter,** die Richter
die **Richterin,**
    die Richterinnen
    richtig, richtiger
er **rief**
    riesig, riesiger
    rot
der **Rücken,** die Rücken
der **Rucksack,** die Rucksäcke
    rufen, er ruft, sie rief

rühren, sie rührt
rund, runder

S

sägen, er sägt
der **Salat,** die Salate
das **Salz**
sammeln, sie sammelt
der **Samstag**
er **saß**
sauber, sauberer
säubern, er säubert
sauer, saurer
schade
schaden, es schadet
schädlich, schädlicher
der **Schal,** die Schals
scharf, schärfer
schauen, er schaut
schenken, sie schenkt
die **Schere,** die Scheren
schicken, er schickt
die **Schildkröte,** die Schildkröten
schimpfen, sie schimpft
schlafen, er schläft, sie schlief
schlank, schlanker
schlau, schlauer
schlecht, schlechter
schleichen, er schleicht, sie schlich
schließlich
das **Schloss,** die Schlösser
der **Schluss**

der **Schlüssel,** die Schlüssel
schmecken, es schmeckt
die **Schnecke,** die Schnecken
der **Schnee**
schneiden, er schneidet, sie schnitt
schneien, es schneit
schnell, schneller
schon
schön, schöner
die **Schönheit,** die Schönheiten
der **Schrank,** die Schränke
der **Schreck**
schrecklich, schrecklicher
schreiben, sie schreibt, er schrieb
schreien, sie schreit, er schrie
der **Schreiner,** die Schreiner
die **Schreinerin,** die Schreinerinnen
die **Schrift,** die Schriften
der **Schuh,** die Schuhe
die **Schule,** die Schulen
der **Schüler,** die Schüler
die **Schülerin,** die Schülerinnen
die **Schüssel,** die Schüsseln
schützen, sie schützt
schwach, schwächer
schwarz
schwer, schwerer
die **Schwester,** die Schwestern
schwierig, schwieriger
schwimmen, er schwimmt, sie schwamm
schwitzen, er schwitzt
sechs
der **See,** die Seen

sehen, sie sieht, er sah, sieh, seht
sehr
sein, seine
der **September**
sich **setzen,** sie setzt sich, setz dich, setzt euch
sich
sicher, sicherer
die **Sicherheit**
sie
sieben
sie **sind**
singen, er singt, sie sang
sitzen, er sitzt, sie saß
sobald
sofort
solcher, solche
sollen, er soll
der **Sommer,** die Sommer
sondern
die **Sonne**
sonnig, sonniger
der **Sonntag**
sorgfältig, sorgfältiger
die **Soße,** die Soßen
spannend, spannender
der **Spaß,** die Späße
spät, später
speichern, sie speichert
das **Spiel,** die Spiele
spielen, er spielt
die **Spielregel,** die Spielregeln
spitz, spitzer
die **Spitze,** die Spitzen
sie **sprang**

sprechen, er spricht, sie sprach, sprich, sprecht
springen, er springt, sie sprang
der **Stab,** die Stäbe
die **Stadt,** die Städte
er **stand**
die **Stange,** die Stangen
stark, stärker
staunen, sie staunt
stehen, er steht, sie stand
steigen, er steigt, sie stieg
der **Stein,** die Steine
die **Stelle,** die Stellen
stellen, er stellt
der **Stern,** die Sterne
der **Stiefel,** die Stiefel
still, stiller
die **Straße,** die Straßen
der **Strauß,** die Sträuße
der **Streich,** die Streiche
stricken, sie strickt
das **Stroh**
der **Strohstern,** die Strohsterne
das **Stück,** die Stücke
stürzen, er stürzt
stützen, sie stützt
suchen, er sucht
die **Suchmaschine,** die Suchmaschinen
die **Suppe,** die Suppen
süß, süßer

T

die **Tafel,** die Tafeln
der **Tag,** die Tage

die **Tanne**, die Tannen
die **Tasse**, die Tassen
der **Teich**, die Teiche
das **Telefon**, die Telefone
telefonieren,
er telefoniert
der **Teller**, die Teller
der **Text**, die Texte
das **Thema**,
die Themen
tief, tiefer
das **Tier**, die Tiere
der **Tisch**,
die Tische
der **Topf**,
die Töpfe
tragen, sie trägt, er trug
die **Trauer**
der **Traum**,
die Träume
träumen, sie träumt
traurig, trauriger
treffen, er trifft, sie traf,
triff, trefft
trinken, er trinkt, sie trank
der **Turm**,
die Türme
turnen, er turnt

U

überarbeiten, sie überarbeitet
überlegen, er überlegt
übermorgen
übernehmen, sie übernimmt,
er übernahm, übernimm,
übernehmt
überprüfen, sie überprüft
die **Uhr**, die Uhren
umgehen, er umgeht,
sie umging
und
ungefähr
uns, unser
unterrichten,
er unterrichtet
unterstützen, sie unterstützt

V

der **Vater**,
die Väter
verändern, er verändert
der **Verband**, die Verbände
verbrauchen, sie verbraucht
vergessen, er vergisst,
sie vergaß, vergiss,
vergesst
verkaufen, er verkauft
der **Verkehr**
sich **verkleiden**, sie verkleidet sich
verlassen, er verlässt,
sie verließ
verlieren, er verliert, sie verlor
verraten, er verrät, sie verriet
verrückt, verrückter
die **Verschmutzung**,
die Verschmutzungen
verschwinden, er verschwindet,
sie verschwand
verschwunden
verstecken, er versteckt
versuchen, sie versucht
verteilen, er verteilt

viel, viele
vielleicht
vier
der **Vogel,** die Vögel
der **Vokal,** die Vokale
vollständig, vollständiger
vom
von
vor
vorbei
vorführen, sie führt vor
die **Vorführung,**
die Vorführungen
vorgestern
vorher
vorlesen, er liest vor,
sie las vor, lies vor,
lest vor
vormachen, er macht vor
der **Vormittag,** die Vormittage
vormittags
vorne
der **Vorrat,** die Vorräte
der **Vorschlag,**
die Vorschläge
vorsingen, sie singt vor,
er sang vor
vorstellen, sie stellt vor

W

wachsen, er wächst, sie wuchs
wählen, er wählt
wahr, wahrer
der **Wal,** die Wale
der **Wald,**
die Wälder

wann
warm, wärmer
warten, sie wartet
warum
was
das **Wasser**
der **Weg,** die Wege
weg
weglaufen, er läuft weg,
sie lief weg
wegrennen, er rennt weg,
sie rannte weg
wegschicken,
er schickt weg
weich, weicher
Weihnachten
die **Weihnachtszeit**
weil
sie **weiß**
weiß
wenn
wer
werden, er wird, sie wurde
das **Werkzeug,**
die Werkzeuge
wichtig, wichtiger
wie
wieder
wiederfinden,
er findet wieder,
sie fand wieder
wild, wilder
er **will**
der **Wind,**
die Winde
der **Winter,**
die Winter

wir
es wird
wirklich
wissen, er weiß, sie wusste
witzig, witziger
wo
die **Woche,** die Wochen
wohnen, er wohnt
die **Wohnung,**
die Wohnungen
die **Wolke,**
die Wolken
wollen, sie will, er wollte
das **Wort,** die Wörter
der **Wunsch,** die Wünsche
wünschen, sie wünscht
die **Wurst,** die Würste
er **wusste**
die **Wüste,**
die Wüsten
die **Wut**
wütend,
wütender

X
Y
Z

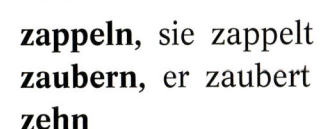

zappeln, sie zappelt
zaubern, er zaubert
zehn
zeigen, sie zeigt
die **Zeit,** die Zeiten
die **Zeitschrift,**
die Zeitschriften
das **Zelt,** die Zelte
zerbrechen, er zerbricht,
sie zerbrach, zerbrich,
zerbrecht
ziehen, er zieht, sie zog
das **Zimmer,**
die Zimmer
der **Zoo** 
zornig, zorniger
zu
der **Zucker**
zuerst
zufrieden, zufriedener
der **Zug,** die Züge
zum
zünden, er zündet
zur
zurück
zurückgehen, sie geht zurück,
er ging zurück
zusammen
zuschauen, sie schaut zu
der **Zuschauer,**
die Zuschauer
zwei
zweimal
der **Zweig,**
die Zweige
die **Zwiebel,**
die Zwiebeln 
zwölf

Übersicht über die Lerneinheiten

Inhalt	Sprechen	Texte schreiben
Geheimnisse der Wüste (Seite 4–11)	Informationen entnehmen, sammeln und präsentieren (4, 5, 6, 7); berichten (5, 6, 7); im Internet recherchieren (6, 7); ein Gespräch fortsetzen (8); ein Buch/eine Geschichte vorstellen (10); eine Reizwortgeschichte erfinden (11)	Stichwörter notieren (5); ein Objekt beschriften (7); Frage-, Aussage- und Aufforderungssätze schreiben (8, 9); Texte planen, schreiben und überarbeiten (11); eine Schreibkonferenz durchführen (11)
Ich – du – wir (Seite 12–19)	Gefühle darstellen und beschreiben (12); zu einem Bild erzählen (13); sich versöhnen (13); ein Projekt planen und durchführen (16, 17); ein Interview durchführen (17); Informationen sammeln (18)	einen Textanfang fortsetzen (12); eine Geschichte zu einem Bild schreiben (13); eine Schreibkonferenz durchführen (13); ein Silbenrätsel schreiben (15); eine Klassenzeitung planen, schreiben und gestalten (16, 17); ein Kreuzworträtsel erstellen (17); ein Gedicht schreiben (17); einen Sachtext schreiben (18); Texte überarbeiten (18)
Berufe (Seite 20–25)	Informationen sammeln (20, 22); Berufe beschreiben (20); erklären (21); ein Interview durchführen (21); Ergebnisse präsentieren (21); ein Spiel erklären (24)	Fragen sammeln (21); einen Sachtext schreiben (22); eine Kartei oder Tabelle anlegen (22); ein Berufe-Quiz erstellen (24); eine Stellenanzeige schreiben (25)
Spielen – hier und anderswo (Seite 26–31)	berichten (26); Spiele durchführen (26, 29)	Klappbücher gestalten (27); Sätze bauen (27, 28); eine Bastelanleitung schreiben (29); eine Spielregel verfassen (29)
Jahraus, jahrein (Seite 32–37)	eine Legende nacherzählen und szenisch darstellen (32–34); Dialoge entwickeln (33); sich über Bräuche austauschen (36)	Dialoge entwickeln und aufschreiben (33); Wünsche und Vorsätze formulieren (34, 36)
Bedrohte Tiere und Pflanzen (Seite 38–43)	Informationen entnehmen und sammeln (38, 39); eine Diskussion führen (40, 42, 43); die eigene Meinung äußern und begründen (40, 42, 43); Argumente sammeln und vertreten (40, 42, 43)	Stichwörter notieren (38); einen Sachtext schreiben (38, 42); eine Tabelle anlegen (39); ein Gedicht schreiben und gestalten (42); ein Plakat gestalten (42); weil-Sätze bilden (43)

Rechtschreiben	Sprachbewusstsein entwickeln
Sätze bilden (7); wörtliche Rede (8, 9); Wortbausteine weg-, zurück-, wieder- (10); Übungstext (10); Übungswörter (11)	Wortarten (7); Nomen und vorangestelltes Adjektiv (7); Frage-, Aussage-, Aufforderungs- und Ausrufesatz (8, 9); Wortbausteine weg-, zurück-, wieder- (10); zweigeteilte Verben (10); Wörter in anderen Sprachen (4)
Wortbausteine -lich, -ig, -end (14); verwandte Wörter (14); Sätze bilden (14); Silbentrennung (15, 19); Reimwörter (15); Wörter mit ai, x, y (16, 17); Fehler korrigieren (19); Übungstext (13); Übungswörter (19)	Nomen: Abstrakta (13, 14); Adjektive mit -lich, -ig, -end (12 – 14); Wortfamilien (14); Angaben der Zeit, des Ortes, der Art und Weise (14); Wörter in anderen Sprachen (12)
Wortbausteine -in und -innen (22); Wörter mit a/ä und au/äu (22); Übungstext (22, 24); Übungswörter (25)	Berufsbezeichnungen (20); Familien- und Straßennamen (20); Subjekt und Prädikat (23 – 25); Fragesätze (21, 23); Satzglieder ermitteln (25); Wörter in anderen Sprachen (21, 24)
Auslaut- und Konsonantenverhärtung bei Nomen, Verben und Adjektiven (31); Übungstext (30); Übungswörter (31)	Subjekt und Prädikat (26 – 28); Wem- und Wen-/was-Ergänzung (Objekt) (27, 28); Satzglieder umstellen (28); Modalverben (29, 30); ein- und zweiteiliges Prädikat (30); Wörter in anderen Sprachen (30)
Wörter mit Doppelkonsonanten, tz und ck (35); Wortbaustein -ung (35); Stammerhaltung bei verwandten Wörtern (35); Übungstext (35); Übungswörter (37)	Nomen: Abstrakta (34); Wortfamilien (34, 35); Objekte (34); Prädikat (35); Nomen mit -ung (35); Zeitform Zukunft (36, 37); Zeitangaben (36); Verben in der Vergangenheitsform, Gegenwartsform und Zukunftsform (37); Wörter in anderen Sprachen (34, 36)
zusammengesetzte Nomen (41); Wörter mit a/ä und au/äu (41); Übungstext (41); Übungswörter (43)	Objekte (40, 41); zusammengesetzte Nomen (41); Konjunktion weil (43); Zeitform Zukunft (43); Wörter in anderen Sprachen (41)

Inhalt	Sprechen	Texte schreiben
Viva la musica! (Seite 44–49)	erläutern und erklären (44); Informationen entnehmen, sammeln und präsentieren (44, 45); über ein Bild sprechen (45)	ein Plakat entwerfen und gestalten (44); Stichwörter notieren (45)
Schrift und Schreiben (Seite 50–55)	berichten (50); Informationen sammeln und präsentieren (50–53); erklären (51); eine Diskussion führen (53); Fragen zu einem Text beantworten (53)	Fragen sammeln (50); Stichwörter notieren (51); ein Quiz erstellen (52); Argumente sammeln (53); eine Handlungsanleitung aufschreiben (54)
Fliegen – hoch und höher (Seite 56–61)	Informationen entnehmen und sammeln (56); berichten (56); einen mündlichen Bericht mit einem Zeitungsartikel vergleichen (57); eine Reportage planen und durchführen (60)	einen Text zusammenfassen und wiedergeben (59); einen Bericht schreiben (60)
Eulenspiegeleien (Seite 62–67)	Aussagen wiedergeben (62); nach Vorgaben erzählen (62, 63); Mimik und Gestik verwenden (62); Mehrdeutigkeiten und Redensarten sammeln und erklären (63); die Erzählperspektive wechseln (62–64); eine Geschichte szenisch darstellen (66)	eine Geschichte fortsetzen (62); die Erzählperspektive wechseln (63); Redensarten sammeln (63)
In der Steinzeit (Seite 68–73)	berichten (68); etwas erklären (68, 70); Informationen sammeln (68); Informationen entnehmen (70)	einen Ablauf in der richtigen Reihenfolge festhalten (68); einen Sachtext schreiben (68); Stichwörter notieren (70); eine Geschichte zu einer Bilderfolge planen, schreiben, überarbeiten (72, 73); eine Schreibkonferenz durchführen (73)
Zeit für Bücher (Seite 74–79)	berichten und erzählen (74); Informationen entnehmen und sammeln (74); Informationen präsentieren (Vortrag) (75); gemeinsam über etwas sprechen, dabei argumentieren und begründen (75, 76)	Stichwörter notieren (75); eine Buchempfehlung verfassen (76); eine Geschichte fortsetzen (77); die Erzählperspektive wechseln (78); Texte überarbeiten (77, 78); ein Lesetagebuch führen (78)

Das Lern-Mobile (Seite 80–123)

Arbeitstechniken

Über die Schreibung von Wörtern nachdenken (82/83)
Selbst Rechtschreibfehler finden (84/85)
Im Wörterbuch nachschlagen (86/87)
Schnell und lesbar schreiben (88/89)
Informationen beschaffen (90/91)
Eine Schreibkonferenz durchführen (92/93)

Texte schreiben

Schreibideen entwickeln (94/95)
Spannend erzählen (96/97)
Einen Text zusammenfassen und wiedergeben (98/99)
Einen Sachtext schreiben (100/101)

Rechtschreiben	Sprachbewusstsein entwickeln
zusammengesetzte Adjektive (48); Wortbausteine -ung, -heit, -keit, -nis (49); Übungstext (46); Übungswörter (49)	Nomen: vier Fälle (46, 47); Aussage-, Frage-, Aufforderungssatz (47); zusammengesetzte Adjektive (48); Nomen mit -ung, -heit, -keit, -nis (49); Wörter in anderen Sprachen (45, 47)
vorangestellte Wortbausteine (55); Wortbausteine Ent-/ent- (55); Übungstext (52); Übungswörter (55)	Schriftzeichen in anderen Ländern (52); Nomen und Verben mit vorangestellten Wortbausteinen (55); Wortfamilien (55); Wörter in anderen Sprachen (50)
Wörter mit ss und ß (58); Wortstammveränderung (58); Übungstext (58); Übungswörter (61)	Verben in der 1. und 2. Vergangenheitsform (57); Wortfamilie „fliegen" (57); Wortfeld „sehen" (58); unregelmäßige Verben (58); Vergleichsstufen von Adjektiven (61); Wörter in anderen Sprachen (57)
Stammerhaltung bei verwandten Wörtern (64); Redezeichen bei wörtlicher Rede (65); Übungstext (64); Übungswörter (67)	Mehrdeutigkeiten und Redewendungen (62, 63); Verben in der 1. und 2. Vergangenheitsform (64); Konjunktion denn (64); Wortfamilien (64); wörtliche Rede, voran- und nachgestellter Begleitsatz (65); Objekte (66, 67); Erweiterungs- und Weglassprobe (67); Wörter in anderen Sprachen (65)
schwierige Wörter sammeln und erklären (69); Wörter mit tz und ck (70); Wörter mit ah, eh, oh, uh, äh, öh, üh (70); Übungstext (69); Übungswörter (73)	Konjunktionen (69); ein- und zweiteiliges Prädikat (71); Verben in der 1. und 2. Vergangenheitsform (71); Wörter in anderen Sprachen (69)
Übungstext (79); Übungswörter (79)	Pronomen (79); Verben in der Gegenwartsform und Vergangenheitsform (79)

Richtig schreiben

Wörter mit langem oder kurzem Vokal (102/103)
Wörter mit b, d, g oder p, t, k (104/105)
Wörter mit ä und äu (104/105)
Wörter mit mehreren Teilen (106/107)
Wörter, die man großschreibt (108/109)
Merkwörter (110/111)

Sprache untersuchen

Nomen und Artikel (112/113)
Verben und Pronomen (114/115)
Adjektive (116/117)
Sätze und Satzzeichen (118/119)
Satzglieder (120/121)
Wörtliche Rede (122/123)

Stichwortverzeichnis

Sprechen

Dialoge entwickeln: 8, 9, 33, 65, 119
Diskutieren: 40, 42, 43, 53
Ein Interview durchführen: 17, 21
Eine eigene Meinung äußern: 11, 13, 22, 40, 42, 43, 44, 53, 73, 75, 76, 92f.
Erlebnisse erzählen: 12, 36, 62, 74
Etwas erklären: 20, 21, 24, 29, 44, 45, 51, 53, 54, 68, 82f., 92f., 101
Etwas planen: 16f., 21, 44, 52, 54, 78
Folgerichtig und zusammenhängend erzählen: 10, 56, 60, 62, 63, 72, 74, 77, 78, 94f.
Geschichten fortsetzen: 10, 11, 12, 57, 62, 72, 77, 78
Gespräche führen: 8, 11, 12, 13, 16f., 26, 40, 41, 42, 44, 45, 50, 53, 73, 74, 75, 76, 82f., 92f.
Informationen entnehmen, sammeln und präsentieren: 4, 5, 6, 7, 18, 20, 21, 22, 38, 39, 40, 44, 45, 50, 51, 52, 53, 56, 59, 68, 74, 75, 90f.
Inhalte anhand von Stichwörtern wiedergeben: 5, 39, 45, 51, 59, 70, 75, 98f.
Perspektivwechsel: 62, 63, 64, 78
Redensarten/Mehrdeutigkeiten erklären: 62, 63
Sprachkonventionen anwenden: 29, 40, 42, 43, 53
Szenisch spielen: 12, 32–34, 66
Über etwas berichten: 5, 6, 7, 10, 21, 26, 39, 44, 50, 56, 60, 68, 74
Übungen zur Erweiterung der Satzbildung: 7, 10, 14, 23, 27, 28, 30, 36, 41, 43, 46, 64, 67, 69, 107, 117, 119, 121
Über Texte sprechen: 4, 8, 11, 13, 18, 53, 56, 57, 59, 62, 66, 73, 76, 77, 92f.
Verbesserung der Artikulation: 9, 15, 33, 47, 58, 60, 65, 84f., 102f., 104f., 118f.
Vortragen von Gedichten und Texten: 8, 15, 42, 60, 77, 103, 122f.
Zu Bildern erzählen: 13, 63, 72, 94f.

Texte schreiben

Buchempfehlungen schreiben: 76
Dialoge entwickeln und aufschreiben: 8, 9, 33, 65, 119
Erlebnisse, Wünsche, Beobachtungen aufschreiben: 22, 34, 36
Etwas übersichtlich darstellen: 7, 25, 42, 44, 88f.
Geschichten erfinden: 11, 12, 13, 16f., 63, 72, 94f., 123
Geschichten fortsetzen: 12, 62, 77, 78
Handlungsanleitungen schreiben: 16f., 29, 54
Stichwörter, Fragen, Notizen aufschreiben: 5, 11, 21, 38, 45, 50, 51, 53, 59, 70, 72, 75, 98f., 100f.
Perspektivwechsel: 63, 78
Poetische Texte schreiben: 16f., 42
Rätsel erstellen: 15, 17, 24, 52
Sachtexte schreiben: 16f., 18, 21, 38, 42, 59, 60, 68, 98f., 100f., 117
Schreibkonferenzen durchführen: 11, 13, 18, 73, 78, 92f.
Tabellen anlegen: 22, 26, 30, 37, 39, 47, 57, 61, 70, 71
Textaufbau und Textgestaltung:
  – anschauliches, folgerichtiges Erzählen: 11, 18, 68, 72, 92f., 94f., 96f.
  – treffende Ausdrucksformen: 7, 14, 18, 36, 48, 58, 92f., 94f., 96f., 117
  – Satzanfänge gestalten: 18, 40, 92f., 96f.
  – Sätze verknüpfen: 43, 64, 69, 92f., 96f., 118f.
  – wörtliche Rede verwenden: 65, 92f., 96f., 122f.
Texte gestalten: 25, 27, 36, 42, 44, 63
Texte planen: 11, 12, 13, 16f., 72, 77, 78, 94f., 100f.
Texte überarbeiten: 16f., 18, 73, 77
Texte zusammenfassen: 59, 98f.
Wörternetze erstellen: 13f., 94f.

Rechtschreiben

Ableitungen von Wörtern mit a/ä und au/äu: 22, 41, 64, 104f.
Auslaut- und Konsonantenverhärtung: 31, 104f.
Erarbeitung und Sicherung eines Wortschatzes: 7, 10, 11, 13, 14, 19, 22, 24, 25, 27, 28, 30, 31, 35, 37, 41, 43, 46, 49, 52, 55, 57, 58, 61, 64, 67, 69, 70, 71, 73, 79, 102–111
Großschreibung: 7, 13, 20, 22, 34, 35, 41, 49, 55, 106f., 108f., 112f.
In der Wörterliste/im Wörterbuch nachschlagen: 10, 19, 21, 31, 34, 49, 55, 57, 58, 61, 70, 71, 82–87, 92f., 102–111, 112–117
Lange und kurze Vokale unterscheiden: 35, 58, 70, 102f.
Reimwörter: 15
Selbst Rechtschreibfehler finden: 11, 16f., 19, 42, 60, 73, 76, 77, 78, 82f., 84f., 92f.
Silbentrennung: 15, 19
Texte richtig abschreiben: 10, 13, 22, 24, 30, 35, 41, 46, 47, 52, 58, 64, 69, 79
Über die Schreibung von Wörtern nachdenken: 19, 31, 35, 41, 48, 49, 55, 57, 58, 64, 73, 76, 78, 82f., 84f., 86f., 102–111

Übungstexte: 10, 13, 22, 24, 30, 35, 41, 46, 52, 58, 64, 69, 79
Übungswörter: 11, 19, 25, 31, 37, 43, 49, 55, 61, 67, 73, 79
Verwandte Wörter: 14, 22, 35, 41, 49, 57, 58, 64, 71, 104f., 114f.
Wörter mit aa, ee, oo: 110f.
Wörter mit ah, eh, oh, uh, äh, öh, üh: 70, 110f.
Wörter mit ai: 16, 110f.
Wörter mit chs: 110f.
Wörter mit doppelten Konsonanten, tz und ck: 35, 58, 70, 102f.
Wörter mit ine und ik: 110f.
Wörter mit lz, nz, rz: 110f.
Wörter mit nk: 110f.
Wörter mit ß: 58, 102f.
Wörter mit V/v: 110f.
Wörter mit voran- und nachgestellten Wortbausteinen:
 – ab-, an-, auf-, aus-, be-, ein-, ent-, er-, ver-, vor-: 35, 55, 106f., 110f., 114f.
 – -heit, -keit, -nis -ung: 35, 49, 106f., 112
 – -ig und -lich: 14, 106f., 116f.
 – -in und -innen: 22
 – weg-, wieder-, zurück-: 10
Wörter mit X/x und Y/y: 17
Zusammengesetzte Wörter: 41, 48, 106f., 112f.

Satzarten und Satzzeichen: 8, 9, 21, 23, 24, 43, 46, 47, 64, 69, 118f.
Satzglieder: 14, 23–25, 26–28, 67, 120f.
Schriftzeichen in anderen Ländern: 52
Subjekt: 23–25, 26–28, 120f.
Übungen zur Erweiterung der Satzbildung: 7, 8, 9, 10, 14, 21, 23–25, 26–28, 41, 43, 46, 52, 64, 67, 69, 118f., 120f., 122f.
Umstellprobe: 28, 65, 67, 96f., 120f.
Verben: 7, 18, 58, 71, 79, 86f., 104f., 114f.
 – mit vorangestellten Wortbausteinen: 10, 35, 55, 106f., 114f.
 – Modalverben: 29f., 120f.
 – 1. Vergangenheitsform: 28, 37, 57, 64, 71, 114f.
 – 2. Vergangenheitsform: 57, 64, 71, 114f.
 – Zukunftsform: 36f., 43
Weglassprobe: 67
Wörter in anderen Sprachen: 4, 12, 21, 24, 30, 34, 36, 41, 45, 47, 50, 57, 65, 69
Wortfamilien: 22, 34, 35, 37, 41, 55, 57, 64, 69, 71, 102, 104f., 114f.
Wortfelder: 57, 58, 96f.
Wörtliche Rede und Begleitsatz: 8, 9, 33, 65, 96f., 122f.
Zeitangaben: 14, 36, 120f.
Zusammengesetzte Wörter: 41, 48, 86f., 106f., 112f.

Sprachbewusstsein entwickeln

Adjektive: 7, 12, 13, 14, 48, 49, 61, 86f., 104f., 106f., 116f.
Adverbiale Bestimmungen des Ortes, der Zeit, der Art und Weise: 14, 18, 26, 67, 96f., 120f.
Artikel: 108f., 112f.
Ersatzprobe: 58, 96f., 120f.
Erweiterungsprobe: 14, 28, 67, 96f., 120f.
Konjunktionen: 43, 64, 69, 118f.
Nomen: 7, 20, 22, 41, 86f., 104f., 106f., 108f., 112f., 116f.
 – Abstrakta: 13, 14, 34, 112f.
 – vier Fälle: 46f., 112f.
 – mit nachgestellten Wortbausteinen: 22, 35, 49, 106f., 108f., 112f.
 – mit vorangestellten Wortbausteinen: 55, 106f.
Objekte: 26–28, 34, 40, 41, 66, 67, 120f.
Prädikat: 23–25, 26–28, 35, 120f.
 – zweiteiliges Prädikat: 10, 30, 71, 120f.
Pronomen: 7, 79, 114f.
Redensarten und Mehrdeutigkeiten: 62f.

Arbeitstechniken

Eine Schreibkonferenz durchführen: 11, 13, 60, 73, 77, 78, 92f.
Im Wörterbuch (und in der Wörterliste) nachschlagen: 10, 19, 21, 31, 34, 49, 55, 57, 58, 61, 70, 71, 82–87, 92f., 102–111, 112–117
Informationen beschaffen: 4, 5, 6, 7, 18, 20, 22, 38, 39, 40, 44, 50, 52, 56, 68, 74, 90f.
Schnell und lesbar schreiben: 21, 88f.
Selbst Rechtschreibfehler finden: 11, 16f., 19, 42, 60, 73, 76, 77, 78, 82f., 84f., 92f.
Über die Schreibung von Wörtern nachdenken: 31, 35, 41, 57, 58, 64, 73, 76, 78, 82f., 84f., 86f., 102–111

Quellenverzeichnis

Texte
Seite 8/9: Sigrid Heuck: Aminas Lied, © Thienemanns, Stuttgart 1998
Seite 15: Manfred Mai: Unser Klassen-Rap, Originalbeitrag Manfred Mai 2005
Seite 42: Klaus Kordon: Dieser Baum ist knorrig, aus: Überall und neben dir, © Beltz und Gelberg, Weinheim 1986
Seite 42: Josef Guggenmos: Ich lege mein Ohr, aus: Überall und neben dir, © Beltz und Gelberg, Weinheim 1986
Seite 42: www.welt-der-indianer.de/weisheiten.html
Seite 74–79: Cornelia Funke: Kleiner Werwolf, © Cecilie Dressler Verlag, Hamburg 2002
Seite 123: Jean Little: Alles Liebe, deine Anna, © Bertelsmann Verlag, München 1995

Abbildungen
S. 6 oben: © IFA-Bilderteam/Alexandre
S. 6 unten: www.blinde-kuh.de; © 1997-2005 Birgit Bachmann und Stefan Müller
S. 7 Cover: Sehen – Staunen – Wissen: Wüsten. Copyright © 1994 Dorling Kindersley Ltd., London. Deutsche Ausgabe Copyright © 1994, 2003 Gerstenberg Verlag, Hildesheim
S. 10: Cover: Aminas Lied, © 1998 by Thienemann Verlag (Thienemann Verlag GmbH), Stuttgart – Wien
Cover: Sigrid Heuck, Saids Geschichte, © 1987 by Thienemann Verlag (Thienemann Verlag GmbH), Stuttgart – Wien
Cover: Kinder dieser Welt, in Zusammenarbeit mit unicef, © der deutschsprachigen Ausgabe by Dorling Kindersley Verlag GmbH, Starnberg 2003
Cover: Horst Künnemann, Mario Grasso, Die schönsten Märchen aus Tausendundeiner Nacht, © 2004 Lappan Verlag GmbH, Oldenburg
S. 12: aus: Aliki, Gefühle sind wie Farben, 1987 Beltz & Gelberg in der Verlagsgruppe Beltz, Weinheim und Basel
S. 20: Richterin: © picture-alliance/dpa/Ronald Wittek. Krankengymnastin: © picture-alliance/dpa/Kalaene Jens. Landwirt: © picture-alliance/dpa/Norbert Försterling. Schweißer: © picture-alliance/dpa/Peter Endig.
S. 21: © Mauritius/Cash
S. 23: Optikerin: © images de. digital photo/Rolf Schulten. Pilot: © Mauritius/Rosenfeld. Modistin: © images de. digital photo/Andreas Labes. Konditorin: Klaus G. Kohn, Braunschweig. Gärtner: © images de. digital photo/Dirk Hasskerl. Kellner: © images de. digital photo/Florian Bolk
S. 26: Cover: Sara Ball, Krogufant, © 2004 Parabel in der Verlagsgruppe Beltz, Weinheim und Basel
S. 32/33: G.J.W. Vieth, Berlin
S. 38: © OKAPIA/Christian Grzimek
S. 44 links: Viva Mozart!; © Corbis, Düsseldorf
S. 44 Mitte: Oda Ruthe, Braunschweig
S. 44 rechts: Hänsel und Gretel; © Gewandhaus Leipzig/Gert Mothes
S. 45 oben: Mozart beim Komponieren, Gemälde um 1880 von Josef Büche, Öl auf Leinwand, 83,8 x 127 cm, Archiv für Kunst und Geschichte, Berlin/akg-images
S. 45 unten: Ernst A. Ekker, Doris Eisenburger, W. A. Mozart. Ein musikalisches Bilderbuch, Copyright © 1998 by Annette Betz Verlag im Verlag Carl Ueberreuter, Wien – München
S. 47: CD-Cover: Die Zauberflöte; © Deutsche Grammophon GmbH, Hamburg
S. 50 oben links: Bildarchiv Preußischer Kulturbesitz/Jürgen Liepe
S. 50 oben rechts: © Landesbildstelle Westfalen/Westfälisches Freilichtmuseum, Hagen
S. 50 unten: Deutsches Museum, München
S. 50 unten Mitte: Klaus G. Kohn, Braunschweig
S. 52: Cover: Sehen – Staunen – Wissen: Schrift. Copyright © 1993 Dorling Kindersley Ltd., London. Deutsche Ausgabe Copyright © 1994, 2002 Gerstenberg Verlag, Hildesheim
S. 53 links: © Umweltbundesamt Berlin
S. 53 rechts: © IMAGINE/Viesti
S. 56 oben: © Stadtarchiv Ulm (Chr. Zb. 1811.5.31 nr. 4)
S. 56 unten: Cover: Was ist Was? Band 10: Fliegerei und Luftfahrt, © 2001 Tessloff Verlag, Nürnberg

S. 59: Text, Design and Compilation: © 2000 The Madison Press Limited Artwork: © 2000 Ken Marschall
S. 70: Cover: Abenteuer Zeitreise: Leben in der Steinzeit, © für die deutschsprachige Ausgabe Bibliographisches Institut & F.A. Brockhaus AG, Mannheim 2004
S. 71: © Ernst Junginger, Prähistorische Sammlung – Vor- und Frühgeschichte, Langenau
S. 74: Foto: Klaus G. Kohn, Braunschweig
Hörbuch-Cover: Cornelia Funke, Herr der Diebe, © 2002 by Jumbo Neue Medien & Verlag GmbH und Cecilie Dressler Verlag, beide Hamburg
Cover: Cornelia Funke, Herr der Diebe, © Cecilie Dressler Verlag, Hamburg 2000
Cover: Cornelia Funke, Emma und der Blaue Dschinn, © Cecilie Dressler Verlag, Hamburg 2002
Cover: Cornelia Funke, Drachenreiter, © Cecilie Dressler Verlag, Hamburg 1997
Cover: Cornelia Funke, Dragon Rider, © Chicken House, London
Cover: Cornelia Funke, Tintenherz, © Cecilie Dressler Verlag, Hamburg 2003
Cover: Cornelia Funke, Lilli, Flosse und der Seeteufel, veröffentlicht im Fischer Taschenbuch Verlag, Frankfurt 2000; © 1998 by arsEdition, München
Cover: Cornelia Funke, Kleiner Werwolf, © Cecilie Dressler Verlag, Hamburg 2002
Cover: Cornelia Funke, Die wilden Hühner, © Cecilie Dressler Verlag, Hamburg 1993
Cover: Cornelia Funke, Gespensterjäger auf eisiger Spur, © 1993, 2005 by Loewe Verlag GmbH, Bindlach
S. 74 unten: © picture-alliance/dpa
S. 77: Cover: Cornelia Funke, Kleiner Werwolf, © Cecilie Dressler Verlag, Hamburg 2002
S. 77/78 oben: Originalillustrationen © Cornelia Funke
S. 91: Cover: Sehen – Staunen – Wissen: Ritter, Copyright © 1993 Dorling Kindersley Ltd., London. Deutsche Ausgabe Copyright © 1993, 2003 Gerstenberg Verlag, Hildesheim
Cover: Was ist Was? Band 81: Die Sieben Weltwunder, Tessloff Verlag, Nürnberg 1999
Cover: Rainer Crummenerl, Peter Klaucke, Die Indianer. Ihre Geschichte, ihr Leben, ihre Zukunft, © 2002 by Arena Verlag GmbH, Würzburg
Cover und Tutanchamun: Wissen der Welt: Das alte Ägypten, Copyright © 2002 für die deutsche Ausgabe arsEdition, München
S. 95: aus: Antje Damm, Frag mich!, © 2002 Moritz Verlag, Frankfurt/Main
S. 123 oben: Coverabbildung nach Jean Little, Alles Liebe, Deine Anna, erschienen im Omnibus/C. Bertelsmann Jugendbuch Verlag, München, einem Unternehmen der Verlagsgruppe Random House GmbH
S. 123 unten: Cover und Comic aus: Wilfried Grote, Verena Ballhaus, Überfall auf Billy Bill, © 1998 arsEdition GmbH, München

Herausgegeben von
Prof. Dr. Annegret von Wedel-Wolff, Bremen
Prof. Dr. Manfred Wespel, Schwäbisch Gmünd

Erarbeitet von
Christa Hahn, Leipzig
Andrea Steck, Heidenheim
Prof. Dr. Annegret von Wedel-Wolff, Bremen
Prof. Dr. Manfred Wespel, Schwäbisch Gmünd

Unter Verwendung
einzelner Ideen aus dem Mobile 4 Sprachbuch,
Ausgabe Bayern (erarbeitet von Sabine Graser,
Heinrich Koch, Dieter Lang, Dr. Annett Taubert-Striese)

Unter Beratung von
Franz Hecking, Neuwied

Illustrationen von
Andrea Dölling, Augsburg
Angela Fischer-Bick, Bremen
Oda Ruthe, Braunschweig